京　都
綾部
長浜
琵　琶　湖
彦根
東海道本線
出町柳
聖護院門跡
亀岡
三条
京都
草津
近江八幡
八日市
滋
醍醐寺
神峯山寺
京阪
近鉄京都線
宇治
草津線
拓殖
大　阪
興法寺
千手寺
木津
伊賀上野
三
重
なんば
寶山寺
尼崎
大阪
奈良
天龍院
靈山寺
松尾寺
法楽寺
千光寺
朝護孫子寺
大阪湾
堺
伊賀神戸
泉大津
近鉄大阪線
古市
高田
大野寺
桜井
室生寺
観心寺
弘川寺
吉祥草寺
南海本線
和泉府中
阪和線
河内長野
転法輪寺
吉野口
菅生寺
泉州松尾寺
吉野
金峯山寺
喜蔵院
如意輪寺
善福寺
吉野山
七寶瀧寺
橋本
竹林院
大日寺
櫻本坊
東南院
吉水神社
南海高野線
紀勢本線
高野山
龍泉寺
大峯山寺
巴陵院
山上ヶ岳
和歌山
奈　良

修験の聖地

役行者霊蹟札所巡礼

役行者霊蹟札所巡礼

目次

装丁　森本良成

まえがき

役行者は、大峯山においては蔵王権現を、葛城山においては法起菩薩を感得され、山岳《さんがく》抖擻《とそう》の実践行を通して神通力により修験者を導き、人々を済度してこられました。その精神と実践は、聖宝・理源大師や円珍智證大師をはじめ、累代の修験の祖師により伝承されて、千三百年の長きにわたり伝えられてきました。そして、それは修験者が歩んだ歴史でもあります。

修験者の組織は聖護院を中核とする天台系の本山派修験道と、醍醐寺を中核とする真言系の当山派修験道の二つに分かれ、互いに競合しつつ段階的に発展してきました。明治維新を迎えると神仏分離政策にともなう修験道廃止令（一八七二年）により、全国各地の修験道組織は解体を余儀なくされ、修験道寺院も廃寺という法難を受け、それに伴い修験道への信仰も衰退する憂き目に遭いました。

平成十三年、役行者神変大菩薩《じんぺんだいぼさつ》千三百年遠忌《おんき》を機として修験教団、真言宗醍醐派総本山醍醐寺・本山修験宗総本山聖護院・金峯山修験本宗総本山金峯山寺の三つの本山が一堂に会し、御遠忌合同大法要が山上ヶ岳の大峯山寺本堂において厳修されました。それは新しい修験道の出発でもありました。
この本で紹介されております「役行者霊蹟札所巡礼」はその一つの表現であります。皆様が、役行者ゆかりの寺々、山々を巡り、その遺徳に触れ、大自然を道場とした山岳抖擻の実践行を共有され、霊跡札所を巡られることは、修験道の長い歴史に新たなる一ページを加えるものと確信いたしております。

平成十四年十月一日

役行者霊蹟札所会 会長　小松庸祐

修験道の成り立ちと役行者——役行者霊蹟札所巡礼解説

大阪市立美術館主任学芸員　石川知彦

修験道の開祖、役小角

手には錫杖《しゃくじょう》を持ち、鬚《ひげ》を長くのばし、長頭巾《ちょうときん》を被って岩座に腰掛ける老相《ろうそう》の役行者像。日本の肖像（祖師像《そしぞう》）の一類型として馴染《なじ》み深い姿で、聖徳太子や弘法大師像とならんで数多く造られています。役行者像は近畿一円の寺院を中心に、全国各地の霊山で大切に祀られてきました。

山伏《やまぶし》の元祖とされる役行者は、修験道を実践する修験者《しゅげんじゃ》（山伏）たちの間で、「神変大菩薩《じんぺんだいぼさつ》」の尊称をもって今も篤く信仰されています。そもそも修験道とは、日本古来の山岳信仰をベースに、外来の仏教や道教の影響を受けて平安時代に体系化された宗教で、山中での修行を通して超自然の力（験力《げんりき》）を獲得し、その力で呪術的な活動を行うのです。修験道は現在、仏教や神道の一派として生き続けていますが、その開祖と仰がれるのが役行者です。彼は七世紀後半に現在の奈良県を中心に活躍していた実在の人物で、「役小角」（えんのおづぬ、またはおづの）

木造役行者倚像（重文）　鎌倉時代
奈良・櫻本坊蔵

の名前で史料に登場しています。

ただし、当時の史料に役行者について記された内容はわずかしかありません。『続日本紀《しょくにほんぎ》』の文武《もんむ》天皇三年（六九九）五月二十四日条に、次のように語られています。「役君小角《えだちのきみ》を伊豆の嶋に配流した。初め小角は葛城山に住む呪術者《じゅじゅつしゃ》として知られていたが、弟子の外従五位下《げじゅごいのげ》韓国連広足《からくにのむらじひろたり》はその呪力《じゅりょく》をねたみ、妖《あや》しい言葉で人々を惑わしていると讒言《ざんげん》したので、遠流《おんる》に処せられた。世間では、小角は鬼神《きしん》を使役するのが得意で、水を汲ませ薪《たきぎ》を採らせ、命令に従わない場合には呪縛《じゅばく》したという」

これによれば小角は、七世紀後半に葛城山（現在の金剛山を主峰とする山系）を中心に活躍していた呪術者、山林修行者で、人望があったためか讒言により伊豆《いず》に配流されたのです。また人々が噂していた鬼神は、当時の律令国家の権力が及ばない山中を、生活の拠点としていた「山の民」と想像され、そのイメージが後に成立した役行者像の前鬼《ぜんき》（水瓶《すいびょう》を持つ）と後鬼《ごき》（斧《おの》を持つ）の姿に反映していると思われます。

神道、仏教、道教の出合い――修験道の誕生

その後、役小角の伝記は、さまざまな形で増幅されていきます。遅くとも九世紀の前半には成立したと思われる仏教説話集『日本霊異記《りょういき》』には、次のような話が載っています。

大和国葛木上郡茅原村《ちはら》の「役優婆塞《えんのうばそく》」は、葛城山の洞窟に籠もって修行を重ね、孔雀明王《くじゃくみょうおう》の呪法で不思議な威力を得て、鬼神を使役することができました。ある時「役優婆塞」は、鬼神たちに金峯山《きんぶせん》と葛城山の間に橋を架けて通行できるようにせよと命じました。一方、葛城の一言主《ひとことぬし》の神は、優婆塞が天皇を倒そうとしていると讒言しました。験力のためなかなか捕まらない優婆塞に対し、朝廷はその母を捕らえ、自首してきた優婆塞を伊豆の島に流しました。優婆塞は昼は天皇の命に従って島に留まりましたが、夜は富士の高嶺《たかね》に飛んで修行を積んだのです。三年後の大宝元年（七〇一）にようやく許されましたが、遂に仙人となって空に飛び去りました。その後道昭《どうしょう》法師が新羅《しらぎ》国で法華経を講じていたところ「役優婆塞」に出会ったというのです。

この説話では、小角の母が登場するとともに、密教の尊像である孔雀明王と、霊山たる富士山が、初めて役小角と結び付けられて語られています。

その後の平安時代の史料としては『本朝神仙伝《ほんちょうしんせんでん》』『今昔物語集《こんじゃくものがたりしゅう》』『扶桑略記《ふそうりゃっき》』『水鏡《みずかがみ》』などに役行者の略伝がみえますが、次第に役小角が伝説的存在になっていく様がうかがわれます。

この中で注目されるのが、『今昔物語集』に金峯山《きんぶせん》の「蔵王菩薩《ざおうぼさつ》」は「役優婆塞」が感得《かんとく》した尊像であると記されていること、また『扶桑略記』に伊豆へ配流中の役小角を勅使が斬罪《ざんざい》しようとしたところ、刀に富士明神の表文《ひょうもん》が現れ罪を許されたという記載でしょう。このような過程を経て、役小角は孔雀明王や蔵王権現、葛城神、そして富士明神といった神仏との密接な関係を獲得していくのです。その結果、後の修験道成立の主要な構成要素となる仏教（主に雑密《ぞうみつ》）・神道（自然崇拝、山岳信仰）・道教の三者が出揃うこととなり、単なる修行者、仙人から修験の開祖（尊称して役行者）へと祀りあげられていく下地が整ったことになります。裏を返せば役小角の確かな実像は、葛城山系や大峯山系を活躍の場としていた修行者、すなわち日本の原始的な宗教者の、リーダー的存在の一人であったということでしょう。

葛城山から金峯山へ、修験道の聖地

役小角は、舒明《じょめい》天皇六年（六三四）、現在の奈良県御所市《ごせし》茅原の吉祥草寺《きっしょうそうじ》付近で「賀茂《かも》の役君《えだちのきみ》」を父として生まれたといいます。幼少より非凡な才能を発揮し、仏道に帰依《きえ》していたと伝えています。

今、吉祥草寺の境内より西方を眺めると、標高一一二メートルの金剛山（葛城山）が間近に迫り、これを主峰とする葛城山系が南北に横たわっています。大和朝廷の都のある飛鳥から、外洋への出入り口となる摂津に至るには、大和・河内国境に連なるこの山塊を越える必要があったのです。そもそも賀茂氏を含む古代氏族の多くは、葛城山系をはさんだ東西に本拠を置いており、役行者の出生地はまさしく賀茂氏の本拠地だったのです。そしてすでに『日本書紀』

雄略天皇五年条では、「霊鳥《あやしきとり》」の出現する霊山として葛城山が登場しています。多感な少年小角が、葛城山に惹かれるのも無理からぬことであったと想像されましょう。

葛城山系については小角の出生地と間近であり、彼の活躍の場であったことは間違いありません。後の史料になりますが、小角は葛城の山頂で「法起菩薩《ほうきぼさつ》」という修験道独自の忿怒尊《ふんぬそん》を感得《かんとく》し、本尊として祀ったといいます。

それでは『続日本紀』に記述のない大峯山系はいかがでしょうか。すでに『日本霊異記』には、小角が葛城山と金峯山の間に橋を架けさせたことが記され、『今昔物語集』には金峯山に祀る蔵王権現は、彼の感得した像であると記しています。いずれも金峯山と小角の関わりを述

吉野曼荼羅図　絹本着色
南北朝時代　奈良・金峯山寺蔵

べた伝承に過ぎませんが、彼が大峯山系に分け入った蓋然性は高いものと判断されます。というのも、吉野山を北端とする大峯山系は飛鳥のすぐ南にある山塊で、近畿の最高峰、八経ヶ岳《はっきょうがたけ》（標高一九一五メートル）を含んで、南北約五〇キロに及び、南は熊野に至っています。

吉野山は神聖な地として古くから史料に登場し、南大和の水源神（水分神）として信仰され、山麓には離宮が営まれました。大化元年（六四五）には古人大兄皇子《ふるひとのおおえのみこ》（吉野皇子）が吉野に入って仏道に励んだと『日本書紀』に記されるほか、壬申《じんしん》の乱に際して大海人皇子《おおあまのみこ》（天武天皇）がいったん吉野山に身を引いて体勢を立て直し、持統天皇がたびたび吉野の離宮に足を運んだことはよく知られています。

大峯山系は葛城山系とともに、多くの山林修行者たちが分け入った聖地であり、『日本霊異記』には聖武天皇の頃、吉野の「禅師広達《ぜんじこうたつ》」が木彫像を祀っていた話がみえます。そして金峯山上（山上ヶ岳、標高一七一九メートル）の本堂脇の高台には、現在でも蔵王権現が出現したという湧出岩《ゆじゅつ》が残り、金峯山は役行者ゆかりの根本霊場として、後には修験道の中心として栄えていくのです。

吉野から熊野へ、奥駈修行の意味

平安時代に入ると山林仏教はますます盛んになり、最澄の比叡山、空海の高野山の例に漏れ

木造役行者倚像・前後鬼坐像（開帳仏）　繁田三位法橋 作
室町時代　応永３年（1426）　奈良・大峯山寺蔵

ず、多数の山岳寺院（「山寺」）が築かれました。九世紀の初頭頃までには近畿に「七高山《しちこうざん》」（北から伊吹山《いぶきやま》、比良山、比叡山、愛宕山、摂津神峯山《かぶさん》、葛城山、金峯山）の制が定められ、吉野を含む金峯山は「吉野郡高山」「吉野郡深山」とも称されました。そして醍醐寺を開いた理源大師聖宝は金峯山の行場を整備し、山上に堂宇を建立して蔵王権現等を祀ったのです。

昌泰三年（九〇〇）宇多法皇が金峯山に御幸《みゆき》して以降、皇族・貴族（藤原道長ら）の金峯山詣で（御嶽詣《みたけもうで》）が盛んに行われ、金峯山への信仰（御嶽信仰）が高まりました。ちょうど金峯山上に貴族が到達していた頃、さらに深山に修行の地を求める行者たちが現れていました。十世紀前半には道賢（日蔵）が笙《しょう》の窟《いわや》に籠もっていますが、山上ヶ岳を南に分け入ると大普賢岳、弥山《みせん》、釈迦ヶ岳、笠捨山、玉置山と険しい山々が連なります。この頃、大峯山系を縦走する「奥駈《おくがけ》」と称する修行（奥通《おくどおり》）が行われ、「七十五靡《なびき》」という宿所が整えられていきますが、これを越えるともう一つの霊所、熊野の地があるのです。

熊野は早くから知られた霊地で、山中他界観に基づく「山の神」と、常世《とこよ》の国の入口とされる信仰（海上他界観）に基づく「海の神」の双方を祀り、前者は熊野本宮、後者は那智および新宮として発展していきます。本宮は阿弥陀仏の浄土、那智は観音の補陀落《ふだらく》浄土の入口とされ、速玉大社（新宮）とともに熊野三山を形成しました。

寛治四年（一〇九〇）白河上皇が初めての熊野御幸を行って以降、平安末期には皇族、貴族らの熊野詣《くまのもうで》が盛行しました。この頃熊野三山の縁起が整理され、「大峯縁起」の名のもと、熊野は金峯山（大峯）と有機的に関連づけられ、「葛城縁起」などとともに鎌倉初期には『諸山縁起』としてまとめられます。ここでは、大峯山系の北半分（山上を含む吉野側、金峯山）を、密教の世界観に基づいて金剛界《こんごうかい》、熊野に至る南側（大峯山）を同じく胎蔵界《たいぞうかい》とみなし、金峯山

熊野本地仏曼荼羅図　絹本着色　鎌倉時代
京都・聖護院蔵

で修行した役小角が後に熊野に参詣したとしています。ここに至って役小角の活躍した地域が熊野にまで広げられたのです。

修験道、役行者とともに全国へ

南北朝期から室町時代に入ると、修験集団の教団化が推進されるとともに、修験道の教義・儀礼が確立してきます。この頃修験教団は、聖護院を中心とする天台系の本山派と、醍醐寺に依拠する真言系の当山派に分かれ、両派は互いに競合しつつ、吉野に止まらず全国に勢力を拡大していきました。その結果、元来個別に成立していた各地の霊山の地方修験も、両派の影響下に入ることになったのです。

小角の本格的な伝記としては最初の存在である『役行者本紀《ほんぎ》』（室町末期十六世紀の成立）では、小角は中央の大峯・葛城はもとより、全国各地の霊山で修行、開山となったと記されています。具体的には小角が前鬼・後鬼を従えたという生駒山をはじめ、小角が龍樹《りゅうじゅ》菩薩から受法した箕面《みのお》（滝安寺）、そして笠置山や七高山に数えられた神峯山に愛宕山、伊吹山といった近畿の霊山、東国では出羽三山、筑波山、二荒山《ふたらさん》（日光）、相模の大山《おおやま》・八菅《はすげ》、東海・北陸では富士・箱根・伊豆、白山に立山、西国では後山《うしろやま》、伯耆大山、四国の石槌山、九州の彦山・阿蘇・霧島といった諸山が小角ゆかりの霊山として挙げられています。こうして中央の修験両派は、室町期に各地の霊山の修験を役行者の名のもとで包摂していったのです。
　その後も役行者の開創や来山を伝える寺院は広がりをみせ、本書に掲げられる三十六寺社以外にも枚挙に暇がありません。全国各地に「御嶽」や「金峯山」「大峯」「蔵王」を冠する霊山が修験の山として信仰を集め、それらの関係寺社では役行者や蔵王権現像が祀られたのです。それは、今日まで修験道が隆盛をきわめ、役行者がいかに篤く尊崇されてきたかを如実に物語っています。役行者千三百年遠忌という節目を越え、修験の聖地である吉野・大峯・熊野が世界遺産に登録されようとする今、修験道の歴史に名を留める寺社を巡り、役行者の精神に触れるのは、誠に意義深いことと考えます。

本解説は、小澤弘氏との共著『図説役行者』（河出書房新社、二〇〇〇年八月）に掲載した拙文の一部を加筆・要約したものです。詳しくはそちらもご参照ください。

国軸山《こくじくさん》　金峯山寺《きんぷせんじ》

通称　蔵王堂

〒639-3115　奈良県吉野郡吉野町吉野山2498　☎0746３（２）８３７１

ホームページ　http://www.kinpusen.or.jp/

宗派　金峯山修験本宗
本尊　金剛蔵王大権現

吉野山のシンボル

金峯山は、吉野山から山上ヶ岳にかけての連山の総称で、古代より広く知られた聖域でした。白鳳年間（七世紀後半）、この金峯山に役行者が修行に入られ、山上ヶ岳において金剛蔵王権現を感得されます。その姿を桜の木に彫って、山上ヶ岳（現・大峯山寺）と吉野山（現・金峯山寺蔵王堂）の二か所に祀られました。これが山上・山下の蔵王堂の起源であり、金峯山寺の草創です。

平安時代後期には、吉野から熊野への奥駈修行が盛んになる一方、山上ヶ岳に登らず吉野の蔵王堂にのみ参詣する人も多くなりました。やがて、吉野の蔵王堂が金峯山全体の惣堂という性格を持つようになりました。

平安時代以降、吉野は蔵王堂を中心に栄え、源義経が潜み、後醍醐天皇が南朝の御所を造られました。南北朝時代には戦火に見舞われもしましたが、近世になると講を結んで山上に参詣する人が増えて繁栄しました。

明治維新により神仏分離が断行され、修験道も廃止され、当寺も廃寺になりました。明治十九年（一八八六）仏寺に復帰しましたが、山上の蔵王堂と山下の蔵王堂は別々とされ、山上は大峯山寺、山下は金峯山寺と呼ぶことになりました。そして昭和二十三年（一九四八）金峯山修験本宗の立宗を宣言したのです。

三世救済の願い

蔵王堂は、天正二十年（一五九二）に再建された安土桃山時代最大の建築。国宝に指定されています。桧皮葺《ひわだぶ》きで高さが三十四メートルもあり、吉野を巡る折々にその威容を望むことができます。

堂内には、三体の金剛蔵王権現（秘仏）が祀られています。いずれも七メートルにあまる巨像で、中央が釈迦如来、右が千手観世音菩薩、左が弥勒菩薩の化身とされます。釈迦

蔵王堂

は過去、観音は現在、弥勒は未来を表し、過去、現在、未来の三世にわたって私たちを救済するために現れたといわれます。

修験道の教義によると、右手に持つ三鈷は天魔を粉砕し、左手の刀印は一切の情欲や煩悩を断ち切る利剣。岩を踏む左足は地下の悪魔を押さえ、宙を蹴る右足は天地間の悪魔を払う形相。背後の火炎は大智慧、身体の青黒色は大慈悲を表します。

金剛蔵王権現像

内陣の二本の金箔張りの化粧柱や須弥壇は、太閤秀吉が花見の際に寄進したものといわれ、桃山建築の美しさを残しています。松やツツジなどの自然木を加工せず、そのまま使った六十八本の柱が林立する様は壮観。奥深い山中に座しているような森厳な雰囲気を味わうことができます。

主な行事　一月一日～三日修正会　二月節分の日節分会　四月十日女人護摩供　四月十一日・十二日花供会式　六月七日高祖大法会　七月二日半夏生七月七日蓮華会・蛙飛び行事　七月八日蓮華入峯十二月十四～十六日仏名会

拝観料　有料

（地図60ページ）

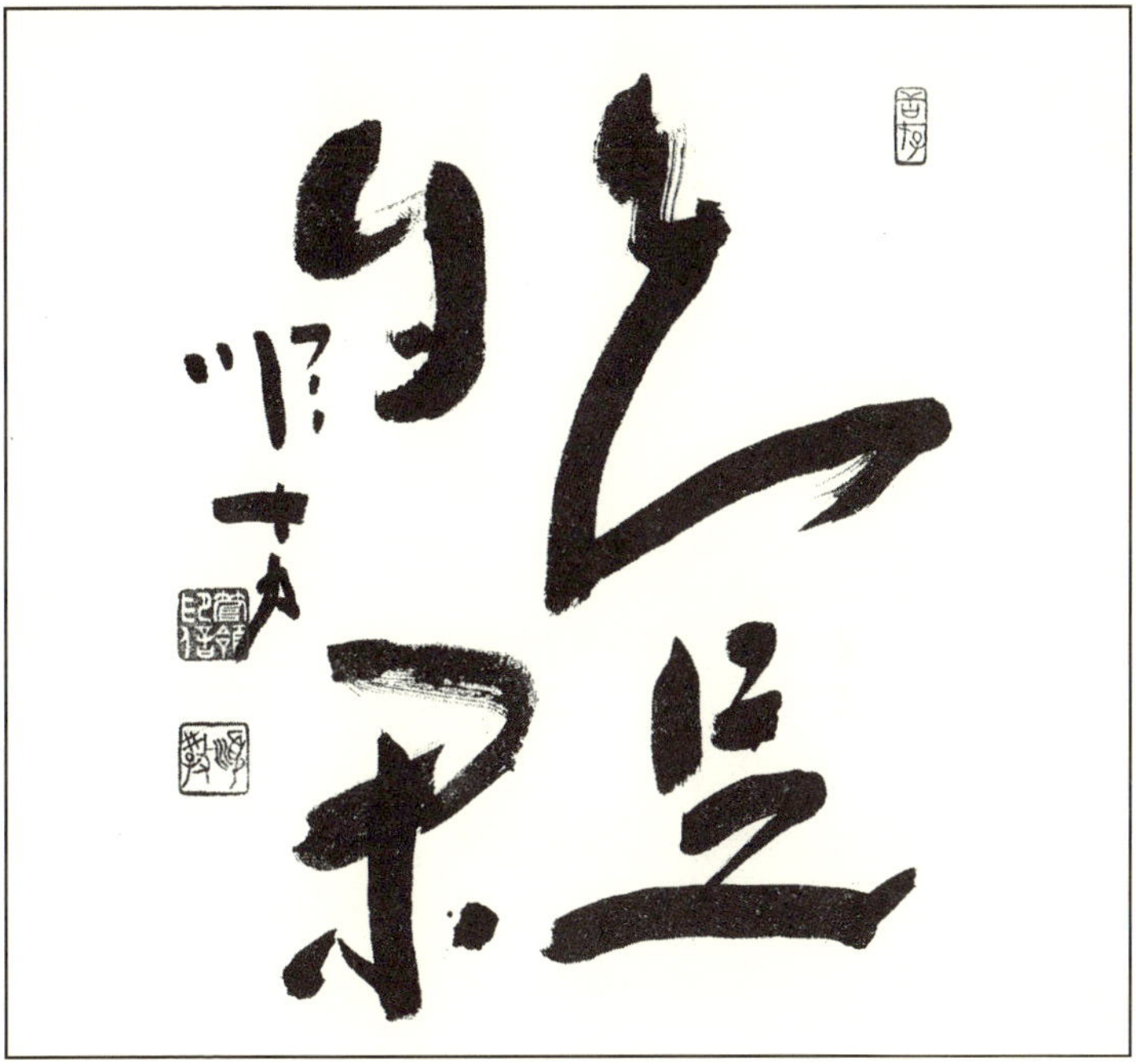

知足自閑

（たるをしればおのずからかんなり）

金峯山寺管領　五條順教

お釈迦様は修行者に、「四供養において量を知り、足ることを知るべし」と、教示されています。「何事においても自分なりの分を知って、足るということを知らなければいけないよ」ということでしょうか。確かに、足ることを知らなければ、心に安らぎはありません。人間、欲のない者はいませんが、その欲を、できるだけ少なくすることが大事なのです。足るということを、本当に会得している人の心情というものは、おのずからのどかであり、悠々閑々として、心豊かなものです。

塔尾山《とおのおざん》 如意輪寺《にょいりんじ》

〒639-3115 奈良県吉野郡吉野町吉野山1024 ☎07463(2)3008

宗派／浄土宗
本尊／如意輪観世音菩薩

蔵王堂から少し登ったあたり、谷の向こうに中千本が見えます。中千本の桜樹の中央に見えるのが如意輪寺です。

如意輪寺は、延喜年間（九〇一〜九二三）日蔵道賢上人が創建されたお寺です。もともとは真言宗でしたが、慶安三年（一六五〇）文誉鉄牛上人が、衰退していた如意輪堂を再興し、浄土宗に改めました。

後醍醐天皇と楠木正行《まさつら》

吉野に南朝を立てられた後醍醐天皇は、京都への思いを募らせながら、延元四年（一三三九）崩御されます。御遺骸はそのまま如意輪寺の裏山に葬られました。それが、塔尾陵です。歴代天皇陵の多くは南向きですが、この陵は京都を向いており北面の陵といわれます。

父正成の遺志を継いだ楠木正行は、高師直《こうのもろなお》との決戦の前に、吉野の皇居に後村上天皇を訪ね、今生の別れを告げます。正平二年（一三四七）の冬でした。塔尾陵に参拝した後、如意輪堂に詣で、髻《もとどり》を切って仏前に奉納、鏃《やじり》でお堂の扉に辞世の句を残しました。

かゑらじと　かねておもへば梓弓
　なき数に入る　名をぞとどむる

この扉は現在、宝物殿に保存されています。

正行の討死を知った弁内侍《べんのないし》が、悲しみのあまり髪を切り、尼となって菩提を弔ったという話も有名ですが、その弁内侍の黒髪を埋めたという至情塚《しじょうづか》もあります。

古刹ならではの宝物殿

後醍醐天皇が吉野の皇居で、日夜天下泰平を祈願されていたという仏像が、如意輪寺に残されています。それが、金剛蔵王権現立像です。桜の一本造りで、蔵王権現像としては随一と言われています。

眼光炯炯《けいけい》としてあたりを威圧する形相、口から飛び出した牙は鋭く、心の中の悪魔は生

本堂

きた心地がしなくなるに違いない。しかし、その恐ろしげなお顔をじっと見つめていると、逆に、何とも言えない慈悲の思いに打たれます。運慶の高弟、源慶の作といわれ、重文に指定されています。

蔵王権現像が入っていた厨子も鎌倉時代の作です。四枚の扉の肩にある八枚の色紙は、後醍醐天皇の御親筆で、七言絶句の賛詩が書かれています。いずれも重文に指定されています。

蔵王権現

宝物殿には、このほかにも数々の国宝・重文が並んでいます。特に目を引くのが、天井一杯に描かれた巨大な如意輪観世音でしょう。「ねおがみの観音」と呼ばれて、中央に設けられた台に仰向けに寝て拝みます。身を横たえて力を抜き両手を合わせていると、母親の胸に吸い込まれるような、不思議な温かい気持ちになりました。

主な行事　一月一日修正会　三月二十二日春の彼岸会　七月十五日御施餓鬼　九月二十二日秋の彼岸会　十一月二十八日お不動様しまい護摩

拝観料　有料

（地図60ページ）

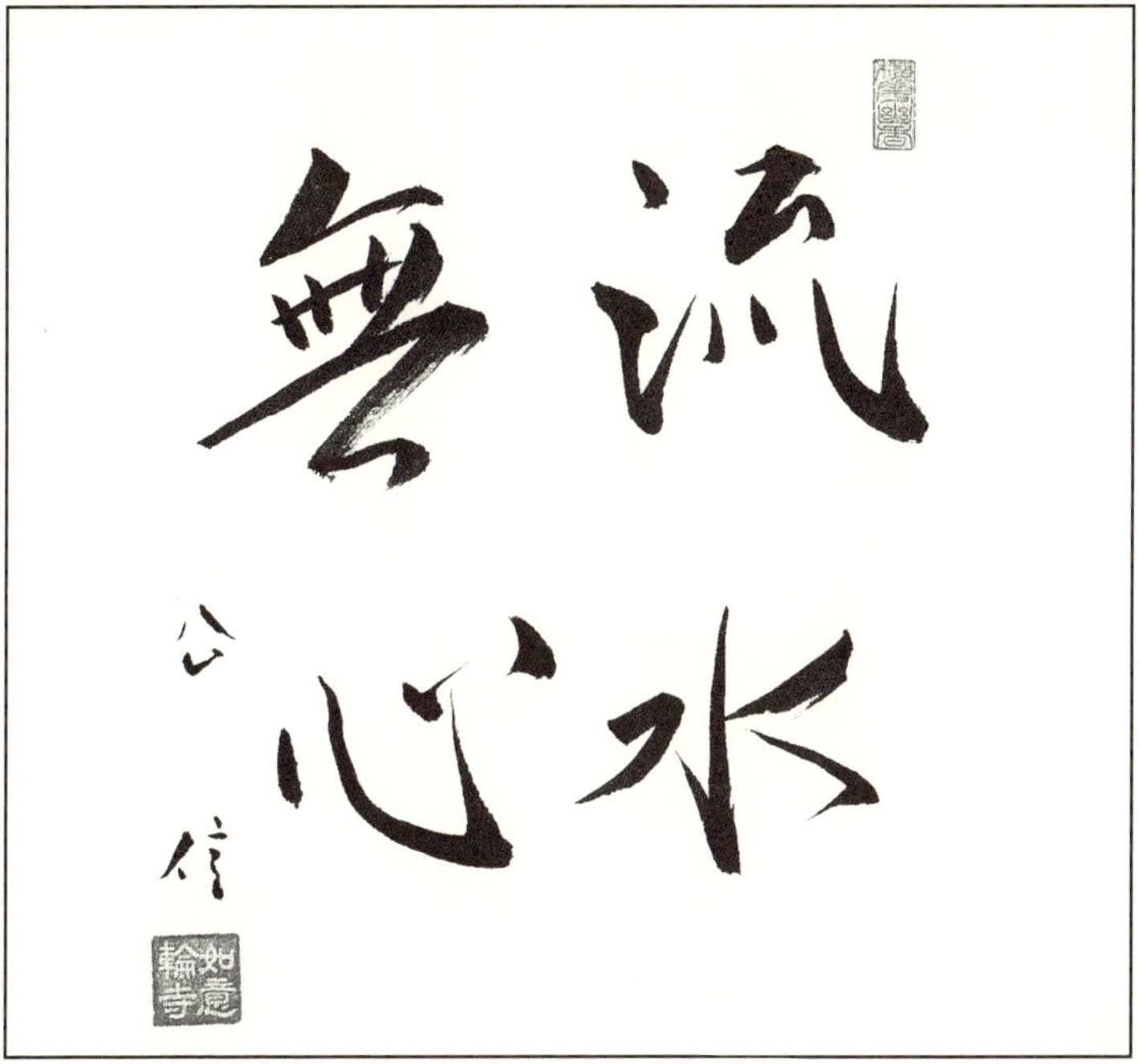

流水無心（りゅうすいむしん）

如意輪寺住職　加島公信

流れる水は、必ず高い所から低い所へと移って行く。これは、自然の法則であり、何ら不思議なことではない。

私たちも、流れる水のごとく心を無にして、自然の中に生かされながら、生活していることを忘れてはいけない。

自然とともに生きていることに感謝し、その喜びを、いつも心の中にいだきながら生きていくことが、大切なことである。

大峯山《おおみねさん》（常楽山《じょうらくさん》） 竹林院《ちくりんいん》

宗派　単立
本尊　大聖不動明王

〒639-3115　奈良県吉野郡吉野町吉野山2142　☎07463（2）8081
ホームページ　http://www.chikurin.co.jp/
※当院では大峯山寺の代参朱印を申し受けております。

聖徳太子が開いたお寺

ロープウェイ吉野山駅からは一番遠いお寺。バスで行けば、「上千本口」のバス停を下りてすぐです。豪壮な山門を入ると、右に宿坊があります。

宿坊というより、格式の高い旅館かホテルという印象。木の香漂うロビーには、狩野元信筆の「夏冬芭蕉」や豊臣秀吉が吉野観桜時に使った茶弁当箱など、歴史的遺物がさりげなく展示されています。

正面玄関の左に、庭園への入口があり、入るとすぐに護摩堂があります。

聖徳太子が愛馬の黒駒にまたがって吉野山に来られたとき、椿谷のあたりに一宇の精舎を建てられました。これを椿山寺と称し、国家の護持に備えられました。これが当院の始まりといわれます。

その後、天武天皇はことあるごとに御願施物を寄せられました。源義経が吉野へ逃れてきたときは、頼朝から義経追討の書が当院に送られてきました。

南北朝が終わった頃、後小松天皇の勅命に

より竹林院と改称、二十三代尊祐は射術をよくし、弓道竹林派を立てました。古来、山伏修験者の宿坊として、修験道とともに発展してきました。戦後独立して単立寺院となりました。大峯山寺を護持する護持院のひとつです。

秀吉、利休ゆかりの群芳園

護摩堂には、役行者像などとともに聖徳太子坐像が安置されています。南北朝時代の作で、みずら姿の尊像です。

護摩堂の裏に広がる庭園は、「群芳園《ぐんぽうえん》」といいます。室町時代、祐尊が大峯山の山勢を下院に移し作庭したのを、太閤秀吉が吉野で花見の宴を開いたとき、千利休または細川幽斎が改修したものと伝えられます。桃山中期

護摩堂

の名園として、大和三庭園のひとつに数えられています。

武家書院風の庭といわれていますが、中央に泉水を配置し、鯉の泳ぐ池には島があり、奥には山まであるという広大なものです。

天人桜と呼ばれる枝垂れ桜をはじめ、椿、藤、ツツジなど季節ごとに花が楽しめる趣向

聖徳太子像

になっています。紅葉や雪景色も美しく、多くの文人墨客に愛されてきました。

山の鳥　竹林院の林泉を
　楽しむ朝と　なりにけるかな

これは、夫の鉄幹とともに当院に宿泊した与謝野晶子が詠んだ歌です。この句をはじめ、西行法師や藤原雅経などの歌碑が、花々の間に見え隠れしています。

ツツジの道を登って行くと山頂に出ます。木々に囲まれた頂上は、鳥のさえずりが聞こえます。四囲が開けて見晴らしがよく、特に、上千本の眺めは素晴らしいものです。

鳥の声、風の音を聞きながら、緑の中にたたずめば、吉野山の霊気が、心の奥深くまで染み入ってきます。

庭園拝観料　有料　（地図60ページ）

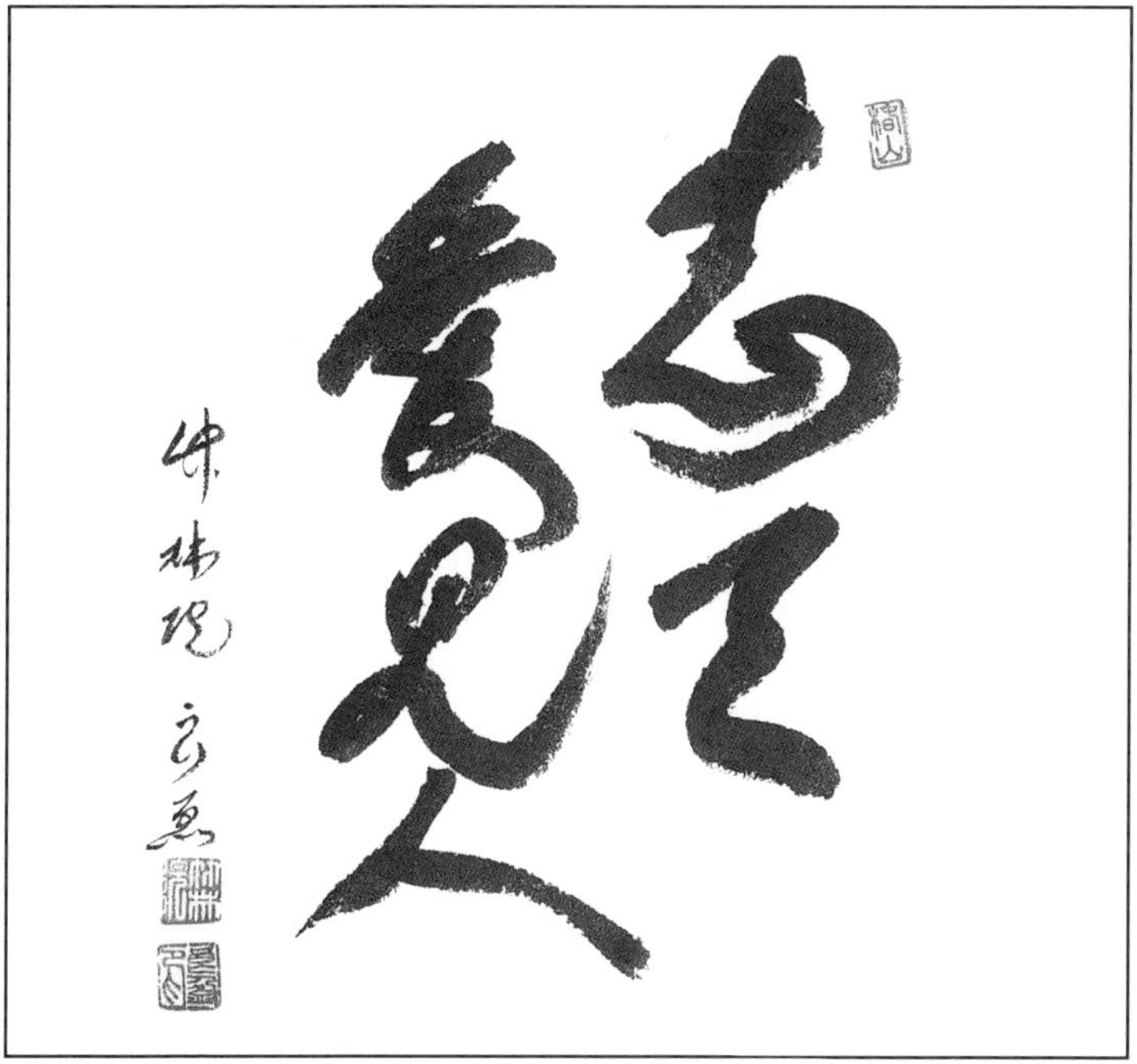

天愛見の人を志さむ

竹林院長老　福井良盈

神々の愛し見給ふ王というのは、アソーカ王の法勅において、王が自分を指して言っておられる言葉です。

王はカリンガの征討で戦争の悲惨さを痛感され、その後わずか二年半で仏教僧伽に近づき、三菩提に入られました。仏陀になられたのです。最高の政治家であって、最高の宗教家が出現しました。

現代の私たちにも、このことは可能なはずです。それは、近代の観念論と唯物論を止揚することにより期待されます。神に捉はれていない日本人は、その適任者であるかもしれません。

大峯山《おおみねさん》（井光山《いこうさん》）櫻本坊《さくらもとぼう》

〒639-3115 奈良県吉野郡吉野町吉野山1269 ☎07463（2）5011

※当院では大峯山寺の代参朱印を申し受けております。

宗派 金峯山修験本宗
本尊 大日大聖不動明王・金剛蔵王大権現・神変大菩薩

桜の精の夢のお告げ

天智天皇十年（六七一）のある冬の夜、吉野離宮の日雄殿《ひのう》にいた大海人皇子は、吉野の山の中に桜の花が咲き誇る夢を見ました。冬なのに勢いよく、しかも美しく咲いています。

翌朝、皇子が前方の山を望むと、そこには一本の光り輝く桜の木がありました。不思議に思った皇子は、役行者の高弟・日雄角乗《ひのうかくじょう》に夢判断を命じます。

角乗は、「桜の花は日本の花の王。これは皇子が必ず天皇の位に登られるよい知らせでしょう」と答えました。はたして、その翌年、壬申の乱で大友皇子に勝利した大海人皇子は、帝位に就き、天武天皇となりました。

天武天皇は、その夢を大層喜び、夢に出てきた桜を見たいと吉野山に来られて、夢に出てきたのと同じ桜を見つけられます。その桜の下に一寺を建立され、櫻本坊と名付けられました。そして、勅願所とされて、角乗に賜ったといいます。

以来、千三百年あまり、本坊には修験道の法灯が絶えることはありませんでした。太閤秀吉が吉野で花見の宴を催したとき、当坊は徳川家康の宿舎になりました。それ以来、徳川家歴代の菩提所となり、菩提堂には東照大権現をはじめとする位牌が並んでいます。しかし、明治初年の廃仏毀釈によって一時は衰退を余儀なくされました。その後金峯山寺とともに、修験道の道場として、また宿坊として大いに復興。大峯山寺を護持する護持院のひとつです。

山伏文化の殿堂

ご本尊の役行者倚像《いぞう》は、表情といい法衣といい、他に類例のない珍しいもの。鎌倉時代の作で重文に指定されています。

そのほか、金銅釈迦如来の推古仏（重文）や藤原時代の木造地蔵菩薩坐像（重文）をは

本堂

じめ、金峯山出土の線刻金剛蔵王権現鏡像、修験道に関する古文書、大峯絵巻や桜絵巻など、山伏文化の殿堂といわれるほど数多くの宝物が残っています。

また、本坊は、役行者が感得されたと伝えられている聖天（大聖歓喜天）をお祀りしています。「吉野の聖天さん」として人々の信仰も厚く、春秋の大祭には家運繁栄を祈る人たちでにぎわいます。

境内には、奈良県下でも珍しい、樹齢約三百五十年を経たギンモクセイの巨木があります。県の天然記念物として指定され、秋には境内一杯に独特の芳香を漂わせます。まるで、この世に存在するものすべてに、必ず大きな意味があると主張しているかのようです。

役行者倚像

主な行事　一月一日修正会　二月三日節分会　三月弁財天・高倉明神大護摩供　四月八日花まつり　五月三日大峯山戸開式　六月大峯奥駈修行　八月二十四日千体地蔵尊大祭　九月二十三日大峯山戸閉式　十月一日吉野聖天大祭　十一月天武天皇祭

拝観料　無料

（地図60ページ）

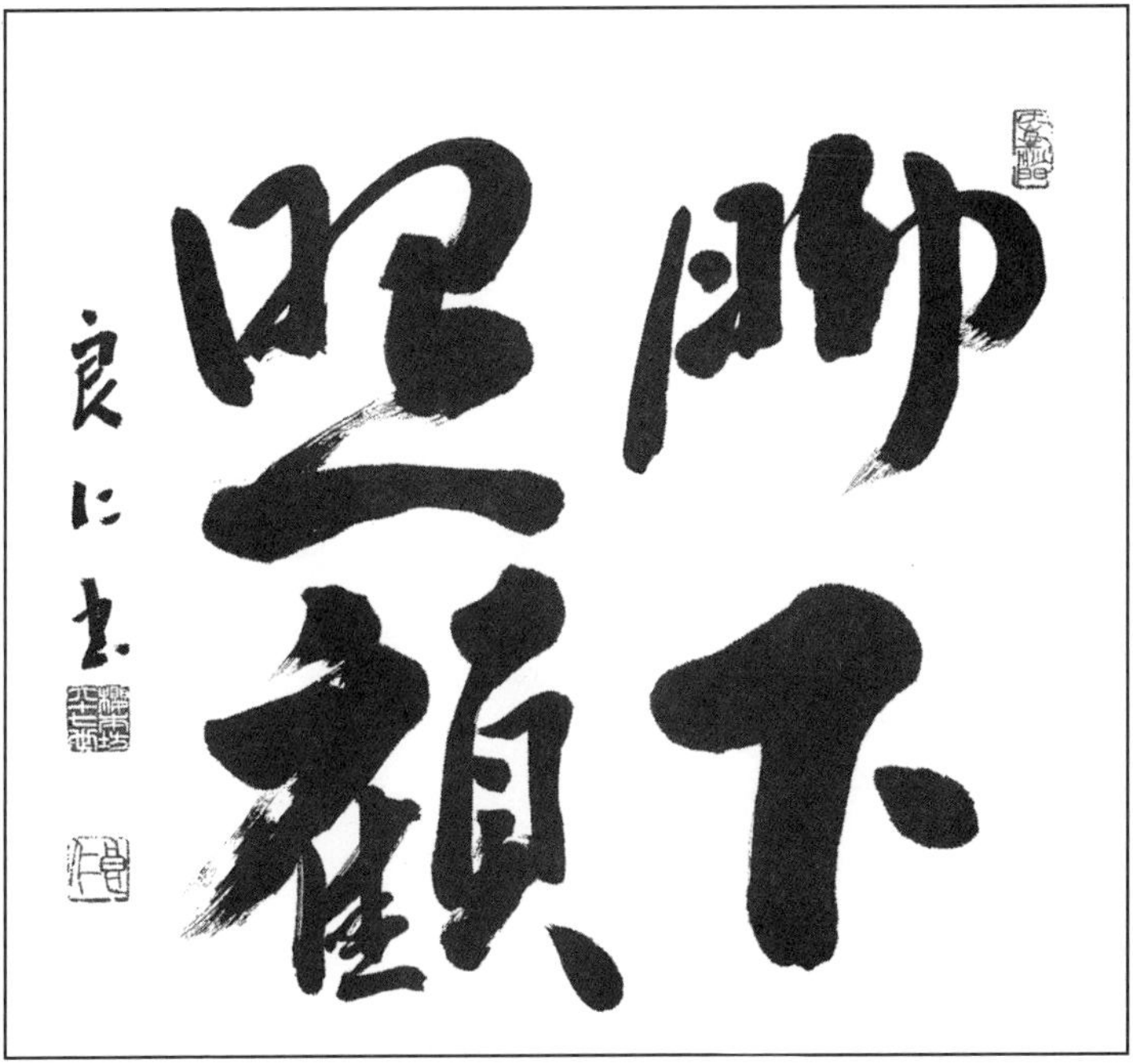

脚下照顧（きゃっかしょうこ）

櫻本坊住職　巽　良仁

激動の現代、すさまじい勢いで時が過ぎ、流れ行く日々の中で、私たちは自分を見失いがちです。遠くだけを見つめ、過去ばかりにとらわれ、あるときは身動きがとれず、あるときは根無し草のように漂っている自分。どこへ向かっているのでしょうか？　なにを求めているのでしょうか？

　しっかりと大地を踏みしめ、足元を見つめなおすこと。そして、本来のあるべき姿を想うこと。自分自身に問いかけましょう。

合掌

大峯山《おおみねさん》（護法山《ごほうざん》）喜蔵院《きぞういん》

〒639-3115　奈良県吉野郡吉野町吉野山1254　☎07463（2）3014

※当院では大峯山寺の代参朱印を申し受けております。

宗派　本山修験宗
本尊　役行者

本山修験の大先達

承和年間（九世紀前半）、天台の智證大師円珍が大峯修行の際、一宇のお堂を建てられました。これが喜蔵院の始まりです。比叡山中興の祖といわれる元三《がんざん》大師も当院から大峯に入られています。以来、法灯を脈々と受け継いできました。

聖護院の宮が大峯修行に入られるときは、当院住職が先達を勤め、早くから菊のご紋を授かっています。江戸時代の聖護院門跡の入峯に際しての詳細な記録も残っており、大峯修験史の貴重な資料となっています。

『本光国師日記』の慶長十八年（一六一三）三月五日の項に、喜蔵院の名が歴史上初めて登場します。江戸時代中期には、儒学者の熊沢蕃山が、由比正雪の乱の疑いをかけられて一年あまり隠れ住み、庫裏の前には蕃山の歌碑が立っています。

また、花の吉野山の寺にふさわしく、女流画家三熊露香が、寛政八年（一七九六）絹地に三十六品種の桜を描いた『桜の譜』が保存されています。

今も聖護院門跡の別格本山として、本山修験随一の大先達とされ、修験道の歴史を伝えています。現在は宿坊であり、ユースホステルも併設しています。山上ヶ岳にも当院の宿泊所があります。大峯山寺を護持する護持院のひとつでもあります。

大峯奥駈修行

本堂にはご本尊の役行者が祀られています。前鬼、後鬼を両脇に従え、岩にどっかと腰を下ろした姿は、炯炯《けいけい》たる眼光に心の中まで見透かされそうな迫力です。

毎年七月には、住職の先達で大峯奥駈修行が行われます。中井教善住職は、かつて大普賢岳山中の笙《しょう》の窟《いわや》において百日行を達成した経験の持ち主です。

本堂

奥駈行の参加者は総勢三十人。初参加の人は、食事の世話をする化他行《けたぎょう》をはじめ「新客の行」が義務付けられます。トレーニングウェアなどの白い装束に鉢巻を巻いて、四泊五日、山から山を歩き続けます。

役行者像

台風一過の東の空に、ご来迎の光に浮かぶ富士山を見たこともあります。谷から聞こえるせせらぎの音、峰を渡る風の声、それらすべてのうちに、大曼荼羅の中尊である大日如来の説法を聞くのです。日々身体が清められる中で、無言の行に徹していると、役行者が求められたものがなにか、実感することがあるといいます。

逃げる道のない深山幽谷で、助け合い、励まし合いながら、一歩一歩踏みしめて行く奥駈修行。満行の涙も忘れられない思い出になることでしょう。

主な行事　一月一日～三日修正会　二月三日～十日星祭り節分会　七月大峯奥駈　十月第三日曜日秋の笙の窟採勝会　十二月第一日曜日寿稲荷ならびに本尊諸尊報恩大祭

拝観料　無料

（地図60ページ）

忍にして成る

喜蔵院住職　中井教善

人間は、生きてゆく中で、「忍耐と努力」を忘れてはならない。この「忍耐と努力」に依って「成功」「不成功」が決まるといっても、決して過言ではないと思う。

山岳修験では、このことを殊のほか大切な教えとして、体感させている。即ち「辛苦の行」に耐え忍び、目的達成に向かって貫徹する強い精神力を養う。

社会（人間世界）においても同じことがいえるのではないだろうか。

あなたには今、目的はあるか？

井光山《いこうさん》　善福寺《ぜんぷくじ》

〒639-3115　奈良県吉野郡吉野町吉野山2291　☎07463(2)3747

宗派　高野山真言宗
本尊　薬師瑠璃光如来

神武帝奉迎井光の郷

蔵王堂から勝手神社の分かれ道を上に登って、喜蔵院を過ぎ、櫻本坊の手前に、右に下りる小さな坂道があります。善福寺は、その坂道を下りたところにあります。標識がないため、見逃しやすいので、注意が必要です。

神武天皇の東征のおり、熊野から吉野、そして大和へ、八咫烏《やたがらす》とともに吉野の首長であった井光《いびかり》大神が道案内をしたと伝えられていますが、善福寺はその井光さんの住居があったところ。今も裏の杉木立の中に井光井戸が残っています。

当山を開いたのは役行者ですが、真言宗の開祖である空海も、中国へ渡る前に大峯山で修行中、この地で休息を取ったといいます。山中には、そのときの腰掛け岩、衣懸け松があったといわれますが、残念ながら今は残っていません。

もともとは真言宗に属していましたが、昭和二十三年（一九四八）蔵王堂を中心とした金峯山修験本宗の立宗に参加、金峯山寺の末寺として修験道に励んできました。

しかし、平成九年（一九九七）岡橋實浄住職の真言宗への思い断ちがたく、高野山真言宗へ復することになりました。

花と茶の隠れ寺

真新しい山門を入ると、左手に本堂があります。本尊の薬師如来を中央に、右脇仏が、力強くまた美しいと感じる蔵王権現、左に役行者が祀られています。

当山では、毎日本尊供が行われています。壇の上に薬師瑠璃光如来を招き、本尊と一体となって、「入我我入」の境地に浸る行といいます。

「私はご本尊に育てられています。ご本尊に道を開いていただいています」と笑うご住職。毎月一日と十六日は午前一時より聖天さ

本堂

んの浴油供も行われます。

塀のないところにきちんとした塀ができました。枝垂れ梅と松の樹を寄附する人が現れました。小ぶりながらも立派な山門が完成しました。いずれも、人の縁から生まれた浄財がきっかけを作ったそうです。それも祈りのおかげといえるのかもしれません。

さして広くない境内一杯に、枝垂れ梅を中心として、美しい花々が季節ごとに咲き誇っています。春にはお参りの方どなたにも甘茶が振る舞われます。

ここは、まるで隠れ寺のようです。桜の季節ともなれば騒々しい吉野も、ここなら静かに落ち着いて、かぐわしい天界の空気を味わうことができます。

花を愛で、お茶を楽しみながら、住職の話を聞きに出かけてみませんか。

蔵王権現

主な行事　一月一日〜三日修正会　二月三日節分会　三月春分の日お彼岸　四月八日花まつり、大根炊き　八月八日施餓鬼　八月十五日万灯会　九月秋分の日お彼岸

拝観料　無料

（地図60ページ）

宙大（そらひろし）

善福寺住職　岡橋實浄

宇宙とは、行けども行けども果てしない天空時間を超越した存在。

その宇宙の真理そのものを現したのが大日如来。

その大日如来は、諸仏諸菩薩をはじめ、山川草木生きとし生けるものの命の根源。

私たちの身体は、心も含めて小さな宇宙といわれるけれど、正しく大日如来の大きな命脈を保って生かされているのだと思う。

感謝合掌

日雄山《ひのうざん》 大日寺《だいにちじ》

〒639-3115 奈良県吉野郡吉野町吉野山 ☎07463(2)4354

宗派 真言宗醍醐派
本尊 五智如来尊

神秘の香りに包まれた五体の仏様

蔵王堂から吉水神社を経て、勝手神社の鳥居を右へ、石段を下りて行くと、山門が目に入ります。そこが五智さんのお寺、大日寺です。

本堂に上がると、平安時代そのままに金色に輝く五体の仏様が、静かなほほえみをたたえて迎えてくれます。大日如来を中央に、東に阿閦《あしゅく》如来、南に宝生如来、西に無量寿如来、北に不空成就如来が並んでいます。これらの仏様を総称して五智如来、親しみを込めて「五智さん」と呼ばれているのです。国の重要文化財に指定されています。

これらの仏像が造られたのは、平安後期、密教・浄土教思想の最盛期です。五体とも造られた当時そのままのお姿で、金箔の剥落した部分はありますが、ほとんど欠けたところがありません。藤原時代の五智如来が、五体とも完全な姿で揃っているのは、全国的にみてもあまり例がないといわれます。

この五智如来は、天武天皇の離宮を継承した日雄寺の本尊でした。日雄寺を開いたのが、役行者の高弟・日雄角乗《ひのうかくじょう》です。吉野山最古のお寺といわれます。日雄寺は、室町時代に焼失しましたが、五智如来は無事に難を逃れました。そののち、五智如来を奉安するため、日雄寺の跡地近くに寺院を建立、大日寺と寺名を改めました。現在の本堂は、宝永年間（一七〇四〜一七一〇）に建立されたものです。

村上父子の菩提所

　大日寺の前を南に向かう谷沿いの道があります。かつてはこの道を修験者たちが大峯山へ向けて歩いて行きました。また、元弘三年（一三三三）北条勢に敗れた大塔宮護良《もりなが》親王が高野山へ落ちのびた道でもあります。

　このとき、村上義光は敵の矢を十六本全身に受けたまま本陣に駈け込み、自刃を決意し

五智如来

ていた護良親王をむりやり落ちのびさせて、親王の身代わりとなり、壮烈な最期を遂げました。当寺は、その義光、義隆父子の菩提所でもあります。「荒城の月」の作詞で有名な土井晩翠直筆の扁額「村上公父子讃頌」が、当寺に奉納されています。

山門

五智如来は、金剛界曼荼羅の中心に位置する仏様です。すべての仏・菩薩は、この五仏に集約されるといわれています。明治の廃仏毀釈の嵐の中でも、五智如来の運の強さが発揮されてか、大日寺は、百以上あった吉野山の寺院のうち、残った八か寺の中に入ったのです。

柔和な目鼻だち、バランスの美しい姿態、それを包む流麗な衣紋。目の当たりに拝するとえもいえぬ心地に誘われます。願い事も叶えられるに違いありません。

主な行事　一月十五日（旧暦）弘法大師の病気封じ祈祷「胃癪の呪」　十一月二十三日柴燈大護摩供「火渡り」大祭

拝観料　有料

（地図60ページ）

大安心（だいあんじん）

大日寺住職　本岡幹隆

今日、私どもには様々の形で情報化の波が大きく打ち寄せ、必要または不必要に関わらず、沢山の情報が充満している。

ややもすれば、豊富な知識の吸収がかえって手枷足枷となって、内に秘めたる自分本来の貴重な宝物を見失いがちになりかねない。

そのようなときには、「大安心」即ち自省の心を起こして、仏様のような素朴にして安らかな、本来の自分自身を見つめ直すことが大事ではないだろうか。

大峰山《おおみねさん》 東南院《とうなんいん》

〒639-3115　奈良県吉野郡吉野町吉野山2416　☎07463（2）3005
※当院では大峰山寺の代参朱印を申し受けております。

宗派　金峯山修験本宗
本尊　役行者

蔵王堂の巽方の寺

金峯山寺とおなじく役行者の開創と伝えられ、千三百年の歴史を持っています。日本の古い霊地・霊山では、通常その中心をなす伽藍を建立する際、巽（東南）の方角にお堂一宇を設け、一山の興隆と安泰を祈念したものといわれます。

東南院もそういう祈祷寺院のひとつです。金峯山寺の本堂である蔵王堂を建立するとき、その東南の方角に建てられたのが東南院です。寺名もそれに由来します。

『吉野山案内記』には、「累代にわたり高徳の僧を輩出している。当院を中興した日円上人は法を求めて唐に渡り、唐王朝の帰依を得て、経巻や法器を贈られて日本に帰国。縁の深い社寺に寄贈された。金峯山寺にある唐鈴もそのひとつである」と記されています。

また、木曾の御嶽山とも因縁が深く、御嶽山を中興された覚明行者は当院に入門して修験の奥義を極め、後に御嶽山を中興開山されたといいます。

宿坊としての歴史も古く、寛治六年（一〇

九二）白河上皇が金峯山に参詣されたとき当院を宿坊とされています。

現在は、金峯山寺蔵王堂を総本山とする金峯山修験本宗の別格本山です。また、当院は、金峯山山上ヶ岳頂上にある大峯山寺を護持する護持院のひとつです。山上ヶ岳の山頂近くには当院の参籠所があり、修行者の指導・お世話を行っています。

大峯奥駈修行

境内に入ると正面に護摩堂があり、右に多宝塔、左が宿坊となっています。

江戸初期建立の多宝塔は、昭和十二年和歌山の松永定一氏の寄進により、海南市の野上八幡から移築されたものです。塔内の八角柱が珍しく、塔内には藤原時代中期の作と伝え

護摩堂と多宝塔

られる大日如来の木像が安置されています。

碪打ちて

我にきかせよや　坊が妻

大峯奥駈

俳人芭蕉の『野ざらし紀行』にあるこの有名な句は、貞享二年（一六八五）芭蕉が吉野山に遊んだときに詠んだ句といわれます。

東南院といえば、大峯奥駈修行が有名です。例年七月中旬に行われます。吉野から山上ヶ岳、前鬼、弥山を経て、熊野本宮まで、八泊九日の修行の道です。この奥駈道を中心に世界遺産登録の動きがあります。

大自然を道場として、生かされている意味を考え自分と戦う日々。奥駈修行がもたらすものは、人によって様々かもしれません。

主な行事　一月一日初護摩　二月立春の前日節分会　二月第三日曜日多宝塔春季大祭　六月第三日曜日多宝塔夏季大祭　七月中旬大峯奥駈修行　十一月第二日曜日役行者報恩謝徳大護摩供

拝観料　無料

（地図60ページ）

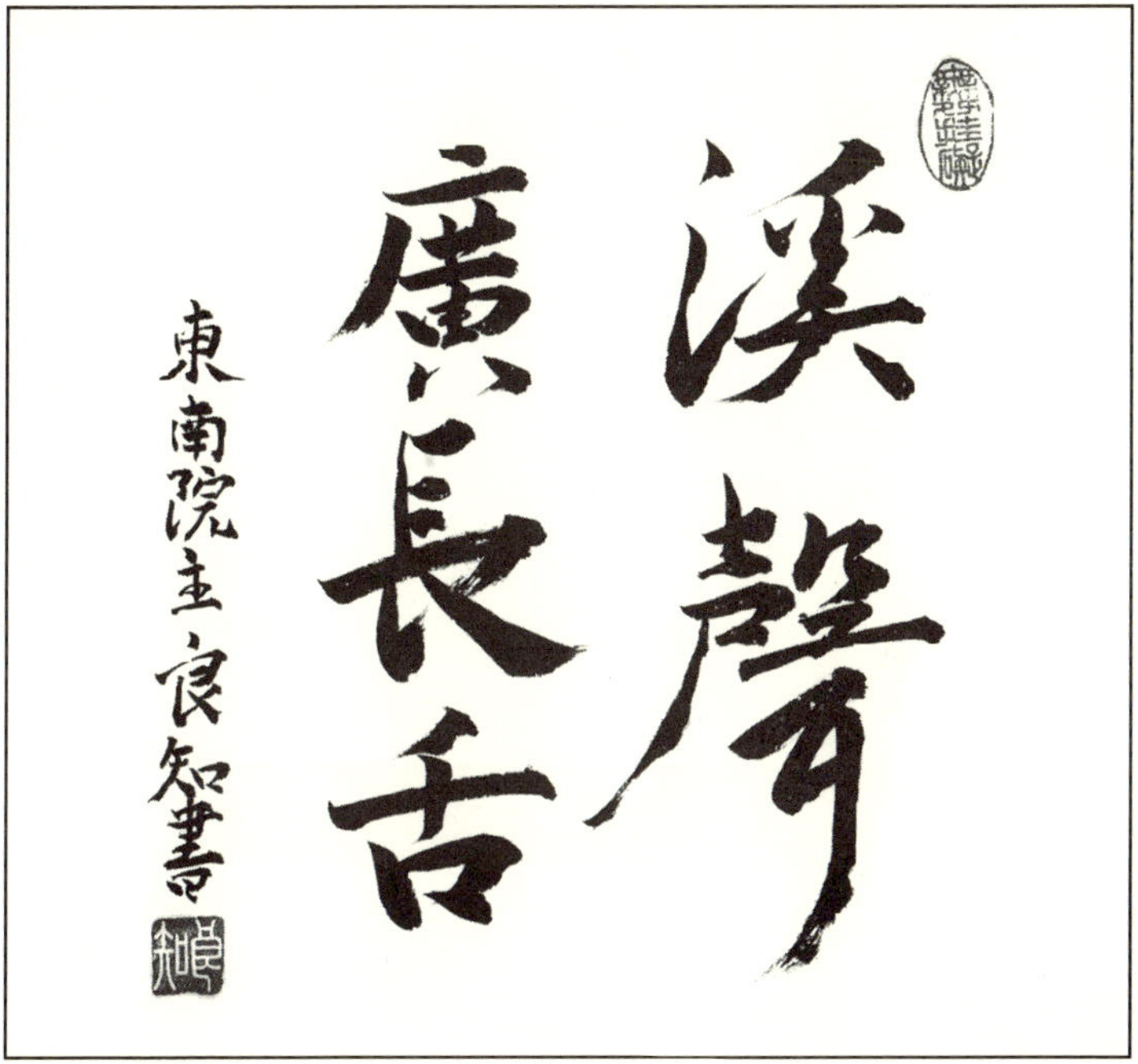

溪聲廣長舌

（けいせいこうちょうぜつ）

東南院住職　五條良知

蘇東波の詩の中の言葉で、谷を渡る音そのものがお釈迦様の説法であると詠っています。修験道では大自然をご本尊と捉え、その中に身を任せて、深山幽谷を修行します。自身の命をも捨てた抖擻《とそう》修行を行じるとき、まさに山谷をゆく水の音、風の音、木々の囁きすべてが、仏の説法となるのです。

決してそれは優しいものばかりではありません。時に厳しく時には激しく行者を導きます。そんなとき、自身は生かされていること、また自身の中の仏に気づかせていただくのです。

吉水神社《よしみずじんじゃ》

通称　元吉水院

〒639-3115　奈良県吉野郡吉野町吉野山579　☎07463（2）3024

ホームページ　http://www.yoshino.ne.jp/yoshimizu/

祭神　後醍醐天皇
合祀　楠正成　吉水院宗信法印

義経から秀吉まで、歴史の舞台に

この神社は、江戸時代までは吉水院といいました。今から千三百年以上前、白鳳年間に役行者によって創建されたと伝えられています。吉野修験宗の僧坊として、修験道とともに発展してきましたが、明治八年（一八七五）の神仏分離の際に神社に改められました。

当社を舞台に、吉野の歴史が数多く刻まれています。

文治元年（一一八五）、源義経は兄頼朝の追手を逃れて、静御前、弁慶などとともに吉野に潜入。当社にしばらく滞在しましたが、それも束の間、追われるようにして、吉野から奥州へ落ちのびて行きました。

「義経潜居の間」「弁慶思案の間」などがあり、いくつもの遺品が残されています。義経と静の美しくも悲しい物語は、今も多くの人の胸を打たずにはおきません。

延元元年（一三三六）建武の親政が敗れた後醍醐天皇は、吉野山に潜幸され、当社を南朝の行宮《あんぐう》と定められました。ここに、半世紀に及ぶ南北朝の対立が始まったのです。天皇は吉野に起居しながら、一日も早く京都に還幸することを念じられていました。しかし、やがて病気になられ、右の御手に剣を、左の御手に経巻を握り、足利尊氏のいる京都の空を睨みつけたまま崩御されました。

花にねて　よしや吉野の吉水の
　枕の下に石走る音

これは現存する玉座の下を今も流れ続ける瀬古川の、せせらぎの音を聞かれて詠まれた御製です。哀切な胸の内が忍ばれます。

文禄三年（一五九四）豊臣秀吉が当社を本陣として、盛大なる花見の宴を催しました。数日間滞在して、和歌の会、お茶の会、お能の会を開いて豪遊し、満天下にその権勢を示しました。

本殿と書院

吉野文化財の宝庫

緑濃き境内には、太閤秀吉ゆかりの桃山時代の小庭や、義経の駒つなぎ松跡、弁慶力釘など、いたるところに遺跡があります。

後醍醐天皇の玉座がある書院は、初期書院造りの傑作です。桧皮葺きで鎌倉時代に建てられたもの。日本最古の住宅建築として、重要文化財に指定されています。

役行者倚像

吉野はたびたび兵火に見舞われましたが、幸いにも免れた当社には、二百十数点にもおよぶ文化財が残されています。特に南朝の史料に関しては日本一といわれています。

その中で目を引くのが、役行者倚像《いぞう》です。前鬼、後鬼を従え、岩に腰かけて眼光鋭く睨みすえる姿は鬼気せまるものがあります。山上ヶ岳の役行者像を彷彿とさせるという声も聞きます。

境内から見下ろす中千本の眺望は素晴らしく、まさに「一目千本」。義経や秀吉も見たこの景色、歴史の流れと世の無常がひとしお身に染みます。

拝観料　有料

（地図60ページ）

心に喜神を持つ

吉水神社宮司　佐藤素心（一彦）

どんなに苦しいことがあろうと、どんなに辛いことや悲しいことがあっても、心の奥のどこかに喜びを持つ。

「苦しみとか悲しみをたくさん体験した人ほど強くなれる、優しくなれる」と自覚し、常に他人のせいにせず、自ら反省し、涙の後の爽やかさ、苦しい後の喜びの神を持って生きる。

「憂きことの、なほこの上に積もれかし　限りある身の力試さん」と元気と勇気を奮い起こし、明るい心に、ニコニコ顔で命がけの喜びの神を含んで生きる、そんな生き方をしたい。

付近の見どころ

吉野山

大峯連山の北の端から、南に約八キロ続く尾根が吉野山。古来、日本一の桜の名所として名高い。役行者の足跡や南朝ゆかりの史跡、西行や芭蕉が逍遥した跡など、見どころがたくさんあります。

桜の名所

吉野山が日本一の桜の名所となったのは、奈良時代、役行者が金峯山寺を開くとき、感得した蔵王権現を桜の樹に刻んだ故事から、神木として保護され、寄進も相次いだからです。多くがシロヤマザクラ、若葉と同時に開花するので、凛とした気品が感じられる桜です。

中千本・上千本・奥千本

吉野山を埋める桜はおよそ三万本。下千本（吉野駅付近）から中千本（如意輪寺付近）、上千本（吉野水分神社付近）、奥千本（西行庵一帯）へ、四月上旬から下旬まで、順に咲きのぼる様は壮観です。桜のあとは、新緑、もみじも楽しめます。

柳の渡し

千年あまり前、修験道の中興の祖といわれる聖宝・理源大師が開いたといわれる柳の渡し（現・六田の美吉野橋）は、大峯七十五靡《なびき》の最初の行場として知られています。かつて吉野へ入る行者たちはここで身を清めました。

銅《かね》の鳥居（重文）

金峯山寺の総門の黒門から、急坂を登ったところにある銅製の門。室町時代に再建されたもので、正しくは発心門。山上ヶ岳の間にある発心・修行・等覚・妙覚の四門の最初の門です。

吉野朝皇居跡

吉水院に難を避けられた後醍

吉野朝皇居跡

醐天皇は、次に蔵王堂の西にあった実城寺を皇居とされ、寺号を金輪王寺と改められました。ここで南朝四代が続きました。

勝手神社

吉野の山頂に登る道と如意輪寺への分岐点にあります。義経と別れた静御前が追手に捕らえられ、境内で舞を舞ったといわれます。

花矢倉

獅子尾坂を登りつめたところにある吉野一の展望台。眼下に上千本、中千本、蔵王堂を見下ろせ、金剛・葛城・二上山を眺めることができます。

吉野水分神社

水の分配をつかさどる神様。みくまりがみこもりとなまって、「子守さん」と呼ばれ、子宝の神として信仰されています。豊臣秀頼の再建になる、桃山様式の華やかで美しい神社です。

吉野水分神社

西行庵

西行庵

山上ヶ岳への道をそれ、谷筋を下ると小さな台地が開け、西行が隠棲したといわれる西行庵があります。付近は奥千本でも、桜はもとより、新緑、紅葉が最も美しいところです。近くに、西行や芭蕉が詠った苔清水が今も澄んだ水をたたえています。

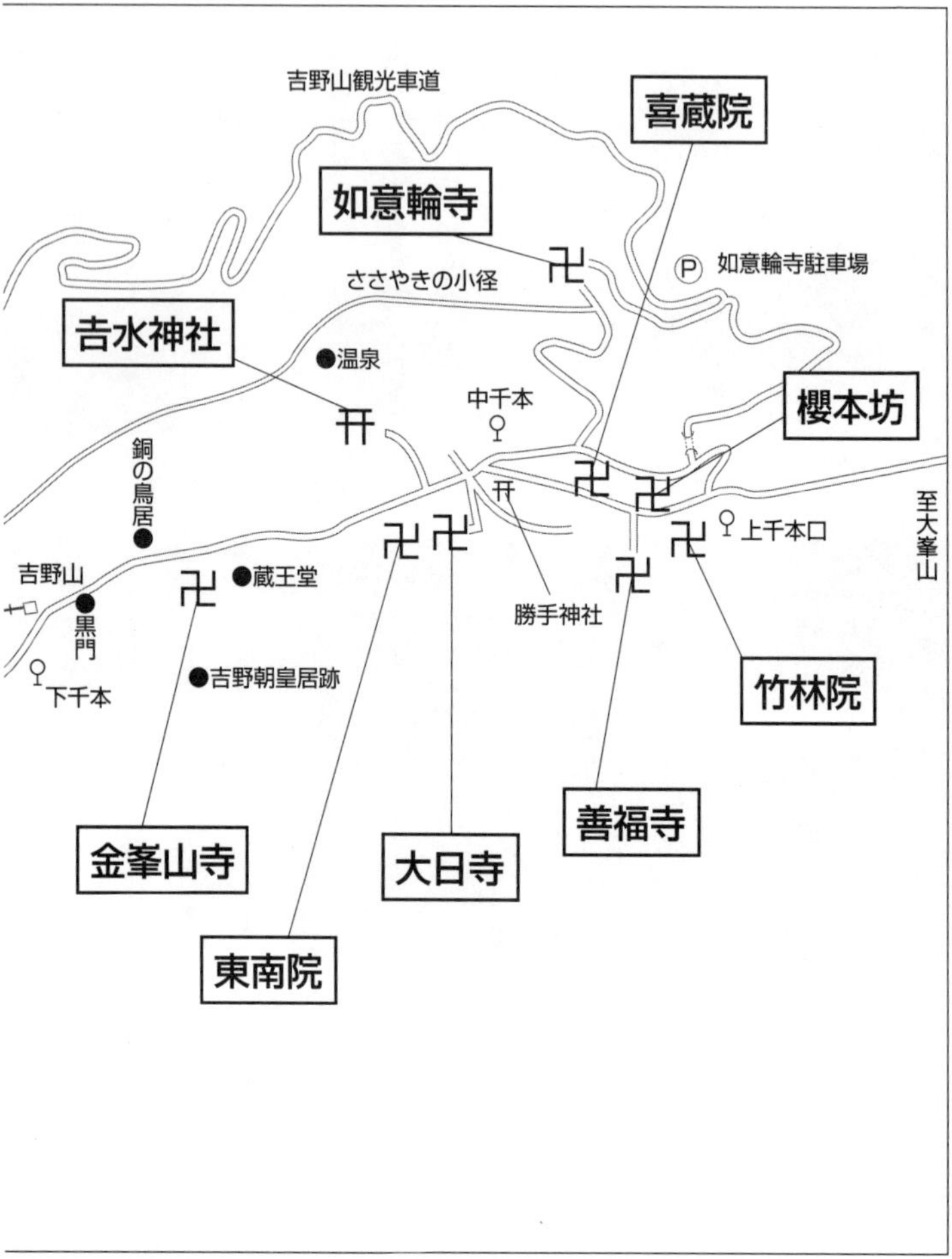

竹林院　ロープウエイの吉野山駅から徒歩約45分。バスなら上千本口下車すぐ。
櫻本坊　ロープウエイの吉野山駅から徒歩約35分。バスなら上千本口下車徒歩約5分。
喜蔵院　ロープウエイの吉野山駅から徒歩約30分。バスなら中千本下車徒歩約5分。
善福寺　ロープウエイの吉野山駅から徒歩約35分。バスなら上千本口下車徒歩約10分。
大日寺　ロープウエイの吉野山駅から徒歩約30分。バスなら中千本下車徒歩約5分。
東南院　ロープウエイの吉野山駅から徒歩約20分。バスなら中千本下車徒歩約5分。
吉水神社　ロープウエイの吉野山駅から徒歩約20分。バスなら中千本下車徒歩約10分。

吉野山までの道順

〈**徒歩**〉近鉄吉野線の終点吉野駅下車、ロープウエイで吉野山駅へ。〈**自動車**〉国道169号線から吉野大橋を渡り、吉野神宮駅前を吉野神宮方面へ右折。如意輪寺へは近鉄線を越えて吉野山観光車道へ進入のこと。駐車場は吉野神宮を越えて10分たらずの吉野山観光駐車場のみ。如意輪寺は駐車場あり。

金峯山寺　ロープウエイの吉野山駅から徒歩約10分。
如意輪寺　ロープウエイの吉野山駅から徒歩約30分。バスなら中千本下車徒歩約10分。

一乗菩提峰《いちじょうぼだいほう》 大峯山寺《おおみねさんじ》

本尊　金剛蔵王大権現

〒638-0431　奈良県吉野郡天川村大字洞川字大峯山山上ヶ岳頂上

※朱印は大峯山寺と護持院（東南院、喜蔵院、竹林院、櫻本坊、龍泉寺）でも受けられます。お問い合わせは各護持院へ。

衆生済度の金剛蔵王権現

　山上ヶ岳の山頂一七一九メートルにある大峯山寺は、約千三百五十年前、修験道の開祖、役行者によって開かれました。

　役行者は、葛城山での修行の後、大峯の山々で苦修錬行され、山上ヶ岳において一千日の修行の末、金剛蔵王権現を感得されました。金剛蔵王権現は、最初、湧出岩《ゆじゅついわ》に現れて空中に飛び立ち、龍穴に降り立ったと伝えられています。

　その龍穴が、現在の大峯山寺本堂の内々陣にあたります。役行者は、この蔵王権現のお姿を刻まれ、山上・山下に安置されました。これが金峯山寺の開創であり、山上の堂宇が現在の大峯山寺です。

　役行者が衆生済度のため、最もふさわしい仏の出現を念じられたときのこと。天地がにわかに揺れ動き、ものすごい雷鳴とともに大地の間から、忿怒の相も凄まじい金剛蔵王権現が出現されたといいます。

　大峯山寺は近世以降「山上まいり」や「行者まいり」の山として、畿内をはじめ日本全国にその信仰を広めました。

ご本尊は、役行者が感得された金剛蔵王権現ですが、役行者ご自身に対する人々の信仰が篤く、大峯山寺も「行者まいり」の山として有名になりました。

堂内には、一般に参拝できる開帳仏と呼ばれる役行者像と、厨子の扉を堅く閉ざした秘密の行者尊がお祀りされています。

千年も前から盛んな御嶽《みたけ》詣で

昭和五十九年（一九八四）解体修理中の大峯山寺から黄金仏が二体出土しました。十世紀はじめ宇多上皇が参詣されており、そのとき奉納されたものという説が有力です。この頃、吉野から山上ヶ岳に参る御嶽詣でが盛んでした。寛弘四年（一〇〇七）には、藤原道

本堂

長が参詣しています。道長は、自ら写経した法華経を金銅製の経筒に入れ、本堂の前に埋納しました。経塚の最古の例といわれます。
役行者は、この山で二十五年間も修行され、吉野山から熊野三山までの間に七十五靡《なびき》と呼ばれる行場を開かれました。山上ヶ岳には、鐘掛け岩や西の覗き、平等岩などの行場があります。五月三日から九月二十三日までの開山期間中は、全国各地から山伏信徒が登拝。金剛杖の鈴の音と「六根清浄」の声が、全山に響き渡ります。

西の覗き

山上ヶ岳は今なお女人禁制が守られています。残念ながら女性は、大峯山寺にお参りすることはできません。なお、大峯山寺の御朱印は、洞川の龍泉寺、吉野山の喜蔵院、櫻本坊、竹林院、東南院の各護持院でも申し受けております。

主な行事　五月三日（未明）大峯山戸開式　九月二十三日（未明）大峯山戸閉式（九月二十三日〜五月二日は閉山）

拝観料　無料

（地図71ページ）

大白牛車を執らむ

福井良盈（竹林院長老）

徴業録に依りますと、行者様は得度後「羊鹿は下劣　吾れ大白牛車を執らむ」と言はれて、葛城山ついで大峯山に入って一仏乗を求められました。大小乗ではなく、お釈迦様とその直弟子たち、それからアソーカ王を経て西暦一世紀前後のご出世である無名の法華経作者に至る仏教の正統です。

修験道を教義にこだはらない民族宗教であるとするのも一見解ですが、常にその時代の最高の仏教を内容とするのを、あるべき本姿としたいと思ひます。「執」はその悲願を秘めています。

大峰山《おおみねさん》 龍泉寺《りゅうせんじ》

〒638-0431 奈良県吉野郡天川村洞川494 ☎0747(64)0001

※当山では大峯山寺の代参朱印を申し受けております。

宗派　真言宗醍醐派
本尊　弥勒菩薩

役行者が開いたお寺

山上ヶ岳のふもと天川《てんかわ》村洞川《どろがわ》は、標高八百メートルの高さに開けた盆地です。龍泉寺は、その中心にあります。

千三百年前、大峯の山々を行場として修行された役行者が、山麓の洞川に憩われたとき、こんこんと涌き出る泉を発見しました。龍の口と名付けて、そのほとりに小堂を建て、八大龍王をお祀りされたと伝えられます。それが龍泉寺の始まりです。

それから二百年後、龍泉寺の一キロ上流の蟷螂《とうろう》の岩屋に雌雄の大蛇が住みつき、修験者たちに危害を加えました。そのため、一時大峯修行を志す人が絶えて、龍泉寺も荒廃してしまいました。修験道中興の祖、聖宝・理源大師が、真言の秘法によって岩屋の大蛇を退治し、龍泉寺を再興したのです。

山門を入ると水行場があります。龍の口から涌き出る清水は、役行者以来、今も絶えることなく清冽な流れを境内にたたえ、修験者の清めの水として大峯唯一の水行場となっています。洞川から登る修験者は、宗派を問わず、龍泉寺に詣で、水行の後、八大龍王尊に道中安全を祈ってから、山上ヶ岳に向かうしきたりとなっています。

水行場の向こう、うっそうと茂る自然林に抱かれるように建っているのが本堂です。弥勒菩薩を真中に、右に弘法大師、左に役行者と理源大師が祀られています。本堂は、昭和二十一年の洞川大火により類焼、昭和三十五年再建されました。大峯山護持院のひとつです。

女性も登れる稲村《いなむら》ヶ岳

かつては、龍泉寺も女人禁制の寺として、境内への女性の立ち入りを禁止していました。しかし、昭和三十五年、龍泉寺の女人禁制は解かれ、女性も自由にお参りできるよう

本堂

になりました。

女人解禁にともない、女性修験者の水行場として整備されたのが龍王の滝です。龍泉寺山の霊水を集めた十メートルあまりの滝は、老杉の木立ちに囲まれた神域にあって、清浄な気がみなぎっています。

水行場

山上ヶ岳は今なお女人禁制が守られています。女性は、山上ヶ岳に登るわけにはいきません。山上ヶ岳の南隣の「女人大峯」と呼ばれる稲村ヶ岳に登ります。一七二六メートルの山頂の手前に、大日岳があり、そこには龍泉寺の管理により大日如来が祀られています。

山頂からは高野山まで眺められ、見事な紅葉が楽しめます。

主な行事　一月一日年頭護摩供　一月五日初弥勒会　二月三日節分会（星祭り）　三月一日交通安全祈祷護摩　三月二十一日大師法要　五月三日大峯山戸開式　六月七日～九日三宝院門跡花供入峯　八月二日・三日洞川行者祭り　九月二十三日大峯山戸閉式　九月二十五日水子精霊供養法要　十月第二日曜日八大龍王大祭

拝観料　無料

（地図71ページ）

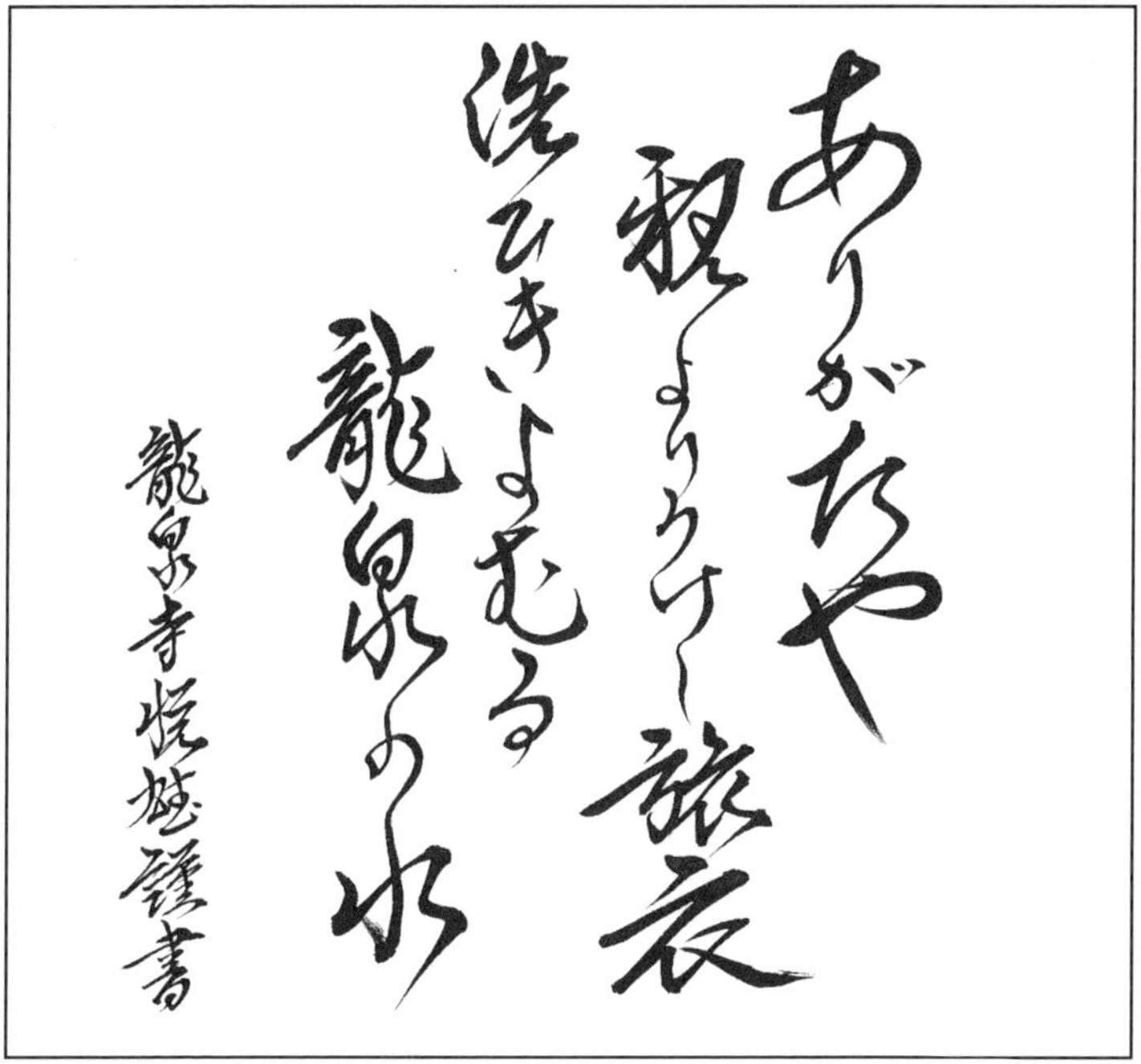

ありがたや
親よりうけし旅衣
洗ひきよむる
龍泉の水

龍泉寺住職　岡田悦雄

これは、龍泉寺境内の水行場に掲げられている歌です。

この水行場は、役行者が発見された、龍の口から湧き出る水によって満たされています。

大峯に峯入りする行者は、この水につかり心身を清めてから、入峯するのです。

付近の見どころ

かりがね橋

龍泉寺山と大原山に架けられた長さ一二〇メートルの吊り橋です。眼下には洞川《どろがわ》温泉の壮大なパノラマが楽しめます。龍泉寺の裏から上がれます。

山上ヶ岳歴史博物館

山上ヶ岳山頂の大峯山寺から出土した、阿弥陀如来坐像と菩薩坐像の二体の黄金仏を展示しています。山岳信仰の歴史と文化に触れられる博物館です。

面不動鍾乳洞

洞川は鍾乳洞の多いところですが、そのなかのひとつ。このあたり一帯を「メンの不動さん」と呼んでいたことから名付けられました。洞内から千年以上も前のカワウソの白骨が発見されました。

ごろごろ水

カルスト地形で有名な洞川のなかでも、関西最大級の五大松鍾乳洞で磨かれた名水、それがごろごろ水。万病に効くといわれています。

鍾乳洞にこだまして「ごろごろ」と聞こえるところからごろごろ水と呼ばれています。

母公堂

役行者の母を祀ったお堂。その昔、役行者が大峯山中で修行をしていたとき、訪ねて来た母親に会うために、この地まで下山して来たと伝えられます。安産祈願でも有名です。

洞川温泉センター

吉野杉をふんだんに使った山小屋風の建物が人気。泉質は、山上川畔から湧き出す、摂氏二十六度の無色透明のアルカリ泉です。登山で流した汗をさっぱりと流し、疲労回復、筋肉痛にも重宝されています。

洞川温泉センター

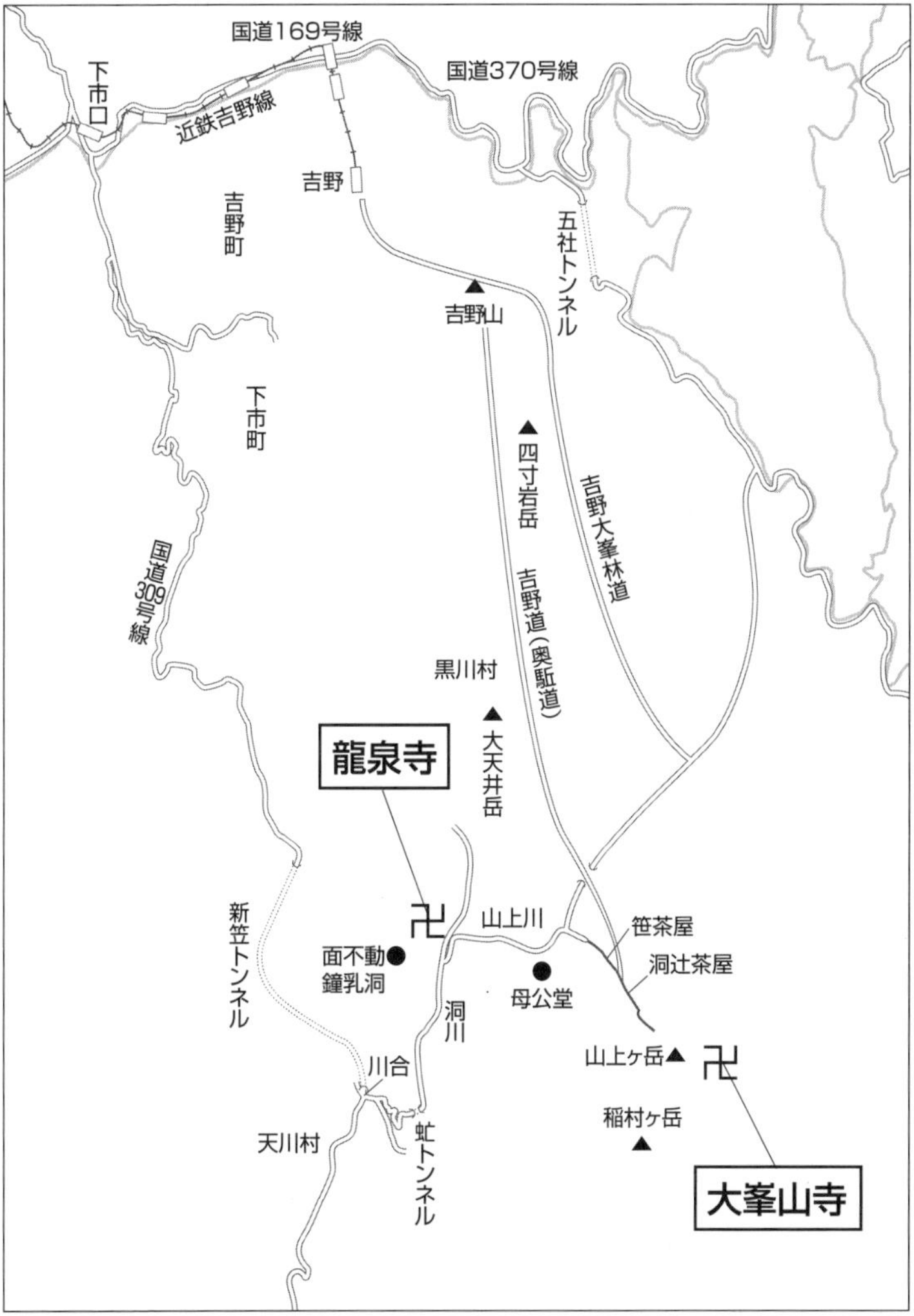

〈徒歩〉 近鉄吉野線・下市口駅より、奈良交通バス洞川温泉行にて終点下車（1時間20分）。龍泉寺はバス停より徒歩10分。大峯山寺は山上ヶ岳山頂にあり、清浄大橋から徒歩約3時間。吉野山より徒歩約10時間。**〈自動車〉** 国道24号線から下市を経て国道309号線で天川に至り、県道を洞川へ。

大師山《だいしざん》 菅生寺《すぎょうじ》（龍華台院）

〒639-3103 奈良県吉野郡吉野町平尾150 ☎07463（2）4009

宗派 高野山真言宗
本尊 阿弥陀如来

名僧義淵《ぎえん》僧正が開いたお寺

「温泉にひたって心とからだをゆったりくつろがせる、大公望のメッカ」

そんなキャッチフレーズが似合う津風呂《つふろ》湖の西北、竜門岳の山すそに静かにたたずむ菅生寺。多武峰《とうのみね》の談山《たんざん》神社や飛鳥の岡寺からも、山を越えれば意外に近い位置にあります。

菅生寺は、菅原道真公ゆかりのお寺で、菅生という寺名から、道真公誕生の地との伝承もあります。

寺歴は古く、奈良時代の名僧義淵僧正が、龍門山の滝と仙窟のほとりに龍門寺を建立、堂塔伽藍を整えたことに始まります。また、龍門仙窟では役行者が修行したと伝えられています。菅生寺は、この龍門寺の別院でした。境内には、義淵僧正の供養五輪塔（重要文化財）が祀られています。塔は千三百年間、お寺の盛衰を静かに見守ってきました。

義淵僧正の生い立ちについては、『今昔物語』に次のように記されています。

「その父母は大和の国高市郡天津守の郷に永い年月住み着いていましたが、子どもがいないのを嘆いて、観音さまにお祈りをしていました。ある夜のこと、子どもの泣き声がするので出て見ると、柴垣の上に白い布に包まれたものがあり、芳香が薫っていました。恐る恐る取り上げてみると、端正で美しい男の子が白布の中にいました。夫婦は、観音さまから授かったものと喜び、養育しました。天智天皇はこのことをお聞きになり、自らの里子にされ、子どもは大変聡明に育ちました」

夢枕のお告げにより再興

出家した義淵僧正は、龍門寺や龍蓋寺（岡寺）など、龍の名の付く五つのお寺を創建しました。義淵僧正の門人から、良辨、行基、道慈といった名僧が輩出しています。

千三百年の歴史を誇る菅生寺も、昭和初期

本堂

は無住の寺となり、その荒廃は極みに達していました。ところが、北海道小樽で布教活動をしていた三條妙節尼が百日托鉢行にでられました。縁があって、平尾の藤門宅に宿泊しました。その明け方、夢枕に一人の尼僧が立ち、「この近くの山際にある古寺を復興してほしい」と懇請して消え去りました。目覚めて、藤門に夢の話をすると、案内されたのが菅生寺でした。妙節尼は、あまりの荒廃ぶりに驚かれました。復興に取りかかったのは、三年後の昭和五十五年からでした。さまざまな面で困難な状況は続きましたが、縁ある人々の力が合わさり、今日の菅生寺の法燈の大基盤ができあがったのです。

　本尊とともに役行者を祀る本堂の中には、馬堀《まほり》画伯の筆になる百二十五代の歴代天皇のご真影がかかげられています。天智天皇がお育てになった義淵僧正の仏縁というのでしょうか、不思議な気持ちにとらわれます。

山門

主な行事　二月三日節分祭・星祭り　四月二十一日春の弘法大師大祭　九月二十一日秋の弘法大師大祭

拝観料　無料

心を洗って香とし体を恭んで花とす

菅生寺住職　垣内寶樹

真言宗の開祖弘法大師様の言葉です。香が匂いを発するように、浄められた自分自身の心から仏教の教えの匂いを発して、社会を浄化し、明るくして行くこと。

美しい花が私たちの気持ちを和ませてくれるように、慎み深い行動から慈愛の心を育てていくこと。

平和な社会を築いていくためには、心と行いが伴わなければならないことを教えてくださっています。私たちはいつも、良い香りを発していたいものです。

合掌

付近の見どころ

津風呂湖

昭和三十八年（一九六三）に津風呂川を堰き止めて作られた周囲三十二キロの灌漑用ダム。遊覧船やボート遊び、釣りのほか、湖畔ではハイキング、サイクリング、フィールドアスレチック、温泉も楽しめます。

津風呂湖

吉野運動公園

総合体育館を中心に本格的な陸上競技場、野球場、テニスコート、ゲートボール場、ファミリープール、サイクリングロードなどの施設が充実しています。問い合わせ☎〇七四六三―二―一一一九

妹山樹叢

旧伊勢街道と東熊野街道の分岐点にある、標高二四九メートルのこんもりした山。黒雲母などの石からなり、全山照葉樹に覆われています。忌み山として入山を禁止されたため、珍しい植物が残り、天然記念物に指定されています。

龍門岳

標高九〇四メートルの秀麗な山。奈良時代には仙人が住むといわれ、『今昔物語』の久米仙人の話は有名です。

山腹には龍門寺跡があり、その近くの龍門滝の下には仙窟があったとか。宇多上皇や菅原道真も参詣しています。

宮滝遺跡

宮滝周辺の吉野川は、両側とも巨岩奇岩でおおわれ、水はエメラルドグリーン。近くから縄文時代の遺跡が見つかっています。天武天皇、持統天皇がたびたび訪れた吉野離宮の跡ともいわれます。風光明媚なこの地は、『万葉集』や『海風藻』にも数多く詠まれています。

〈徒歩〉 近鉄吉野線・大和上市駅下車、タクシーで10分。**〈自動車〉** 国道169号線の河原屋交差点（寺の看板あり）の信号を北へ、県道の平尾付近で看板に従って左折、寺に至る。普通車7台程度駐車可、大型バスは県道沿いに一時停車、徒歩5分。

茅原山《ちはらざん》 吉祥草寺《きっしょうそうじ》

〒639-2214 奈良県御所市茅原279 ☎0745（62）3472

宗派　本山修験宗
本尊　五大明王

めでたい伝説の花──吉祥草

御所駅（近鉄・JR）は、葛城山への登山口です。山手に入れば役行者ゆかりの一言主《ひとことぬし》神社、商店街をぬけ葛城川を渡れば役行者誕生の地、途中には「行者街道」の道しるべ。役行者神変大菩薩誕生の霊地、修験道発祥のお寺、吉祥草寺周辺は、まさに役行者一色に染められています。

お寺の名前は、役行者が「吉祥草」という草花を用いて「草庵」を結び、神仏をお祀りしたことに由来しています。

吉祥草は現在も境内に自生し、十一月から十二月にかけて花実をつけます。植栽する家に慶事があると開花するというめでたい伝説の花です。

広々とした境内。山門正面に本堂（根本中堂）があり、五大明王が祀られています。行者堂（祖師堂）には、役行者三十二歳の自作像と役行者の母君白専女《しらとうめ》像、阿弥陀如来を安置。西側の観音堂には、母君の本地仏である千手観音菩薩、弘法大師、善光寺如来が祀られています。

役行者は、誕生のとき一枝の花を握り、その泣き声は「人々を救うため天から遣わされてきた」と言っているように聞えたそうです。

境内には「産湯の井戸」があります。言い伝えによると「一童子現れ、自ら香精童子と称し、大峯の瀑水（香精水）を汲みて役小角を灌浴する。その水、地に滴りて井戸となる」

役行者の不思議さ

役行者の利生記には、幼少の役行者の聡明さと不可思議な出来事が、いくつも記されています。

「大和国葛木上郡茅原郷に役の公民一人のむすめあり。幼より父母に孝をつくし容心とも艶美にして、もろもろの業につたなからず、たぐい稀なる賢女なり。頃は人皇三十五代舒

本堂

明天皇五年三月帝茅原の里へ行事あり。その後かの女、王のごとき男子を出生し、この子額に小角あり、故に小角といふ」

三、四歳の頃から歩くのに虫を踏まず、花木の実を仏に供養。七歳の頃には孔雀明王の真言を唱え、修行を怠らず。雨の中を歩いても衣服を濡らさず、百里の外を知る力をもっていたといわれています。

産湯の井戸

吉祥草寺最大のお祭りは、正月十四日に行われる「大とんど法要」です。国の無形民俗文化財に指定されています。

無実の罪で伊豆に流されていた役行者は、大宝元年（七〇一）正月茅原の里に無事帰還します。里を挙げて皆これを喜び、天皇ご自身が、正月から二週間吉祥草寺本尊御前にて祈願し、結願に雌雄一対の大松明を献納されたことから始まりました。寒天の夜空に大松明が赤々と燃えるさまは実に雄大です。

主な行事　一月十四日左義長（とんど法要）二月三日星祭り厄除け法要　五月七日役行者報恩法要十一月第二日曜日採燈大護摩供

拝観料　無料

信願叶力

吉祥草寺住職　山田哲寛

「強く信じる力」「強く願う力」「強く叶う力」であります。

叶うという字には、力を和合するという大きな意味があります。これらの力が調和することで、生活において本当の意味での「生きる力」と「心身を癒す力」が発生すると考えます。

信仰というものにオカルト的なイメージを持ち、一過性の癒しだけを求める人が多い世の中、困ったときの神頼みが多いこの現代社会。これら三つの力は、絶対不可欠なものとして、もう一度再考していかなければならない言葉であります。

付近の見どころ

葛城の道

古来村人が通っていた麓道を整備した〝葛城の道〟は、大和三山を見下ろす雄大な展望や、緩やかな丘陵地を利用した棚田、古い家並みの連なる集落など、変化に富んだ風景が楽しめる散策路です。沿道には、貴重な遺跡や由緒ある寺社が点在しています。全長約十三キロの行程は、近畿圏からの日帰りハイキングコースとしても人気があります。

葛城の道のゴール近くにある峯山百体観音

葛城の道歴史文化館

〝葛城の道〟を訪れる人々への情報提供、休憩の場、地域の環境保全の活動拠点として、昭和六十一年（一九八六）に建設されました。郷土の民具や陶芸品、写真パネル、美術工芸品を展示した展示室や、休憩ラウンジを備えています。入館料無料。開館時間午前九時～午後四時。月・金曜日休館。問い合わせは、☎〇七四五—六二—一一五九へ。

一言主神社

葛城の大神、一言主神は、たった一言だけ頼めば、何でもかなえてくれるという神です。〝一言さん〟として地元の人から親しまれ、広い信仰を集めています。雄略天皇と争ったという伝説があり、境内には、大和王権に抵抗した土蜘蛛一族が封じ込められたという蜘蛛塚があります。

宮山古墳

全長二三八メートルの三段築造で、この地方最大の前方後円墳です。〝室の大墓〟ともいわれています。四世紀末の築造で、この地の豪族であった葛城襲《そ》津《つ》彦《ひこ》の墓という説があります。

〈**徒歩**〉JR 和歌山線・玉手駅下車、北へ徒歩５分。近鉄御所線・近鉄御所駅から八木行バスにて「茅原」下車、すぐ。近鉄御所駅からタクシー約 10 分。〈**自動車**〉大和高田方面からは国道 24 号線を南へ、三室交差点の信号（寺の看板あり）、ガソリンスタンドの角を左へ、豊年橋交差点の信号を右へ、茅原バス停付近のカーブミラーのところを寺の看板に従って左折。駐車場あり。

元山上《もとさんじょう》 千光寺《せんこうじ》

通称　元の山上

宗派　真言宗醍醐派
本尊　千手観音

〒636-0945　奈良県生駒郡平群町鳴川188　☎0745(45)0652
ホームページ　http://www.jin.ne.jp/shingon

千光寺の行場

大和と河内を結ぶ要衝の地生駒は、古くより霊地として人々から崇敬されてきました。修験者が修行する山として、今も多くの人々を惹きつけています。その中心が千光寺です。

近鉄生駒線元山上口駅から坂道を三キロ、清冽な渓谷の音を下に聞きながら登ると、山門にいたります。境内には行者堂、母公堂、観音堂、大師堂、阿弥陀堂と伽藍が点在。石造宝塔、十三重石塔は藤原時代、梵鐘は鎌倉時代の作でともに重要文化財になっています。参道の両側には奉納された小さな役行者の石像が並び、その数およそ数百。行者堂の前には重々しい鉄製の下駄と太い錫杖が置かれ、縁結びを祈願する所になっています。

役行者が修行・開基されたゆかりの地を巡る「生駒山回峰行コース」が人気を呼んでいます。千光寺を起点に八大龍王神感寺、髪切山慈光寺、生駒山上、鬼取山鶴林寺、寶山寺、教弘寺など全行程七〜八時間におよぶ、変化に富んだコースです。男女の別なく一泊、もしくは日帰りで楽しめます。

役行者と母の物語

六六〇年頃、役行者が生駒明神に参詣したところ、明神のお告げにより千手観音を感得。鳴川の里に小さな草堂を建て、漆の木で自ら千手観音像を刻み、日夜荒行に励まれました。ところが、二匹の鬼が夜毎に石を投げつけ、行を妨げました。ある夜、鬼たちは行者の左右から打ちかかりました。行者は錫杖で払い、二鬼を捕まえました。鬼は謝り、「行者様には、我々の力が及ぶところではありません。どうかお許し下さい」。行者は二鬼を許し、前鬼、後鬼と呼び、修験道の教えを授けました。

一方、行者の身を案じた母（白専女《しらとうめ》）は従者をつれ鳴川山に登り、行者とともに修行に励みました。ある日、紫雲ケ峰から南を眺め

行者堂

ると、山々の中に不思議な光を放つ山が見えました。行者は母を鳴川に残し、前鬼、後鬼を従えて出発。二上山、葛城山、金剛山、友

観音堂

ヶ島を経て熊野から大峯山に入り、山上ヶ岳を開きました。千光寺を「元の山上」と呼び習わすのはそのためです。

母は鳴川山に残り、修行を続けました。そこで、千光寺は「女人山上」とも呼ばれ、女性も修行ができる行場になったのです。

千光寺山門より少し下ると、道端にお堂があります。高さ二メートルの石のお地蔵様が祀られています。弘安四年（一二八一）の銘がある古い石仏です。村の人々は「ゆるぎ地蔵」と呼び、願い事が叶うと動き、また病が〈ゆるぐ〉と言って信仰を集めています。

主な行事　四月三日戸開式　五月六日千体観音法要　八月第一日曜日滝祭り　十月三日戸閉式
一年中、体験修行ができます

拝観料　無料

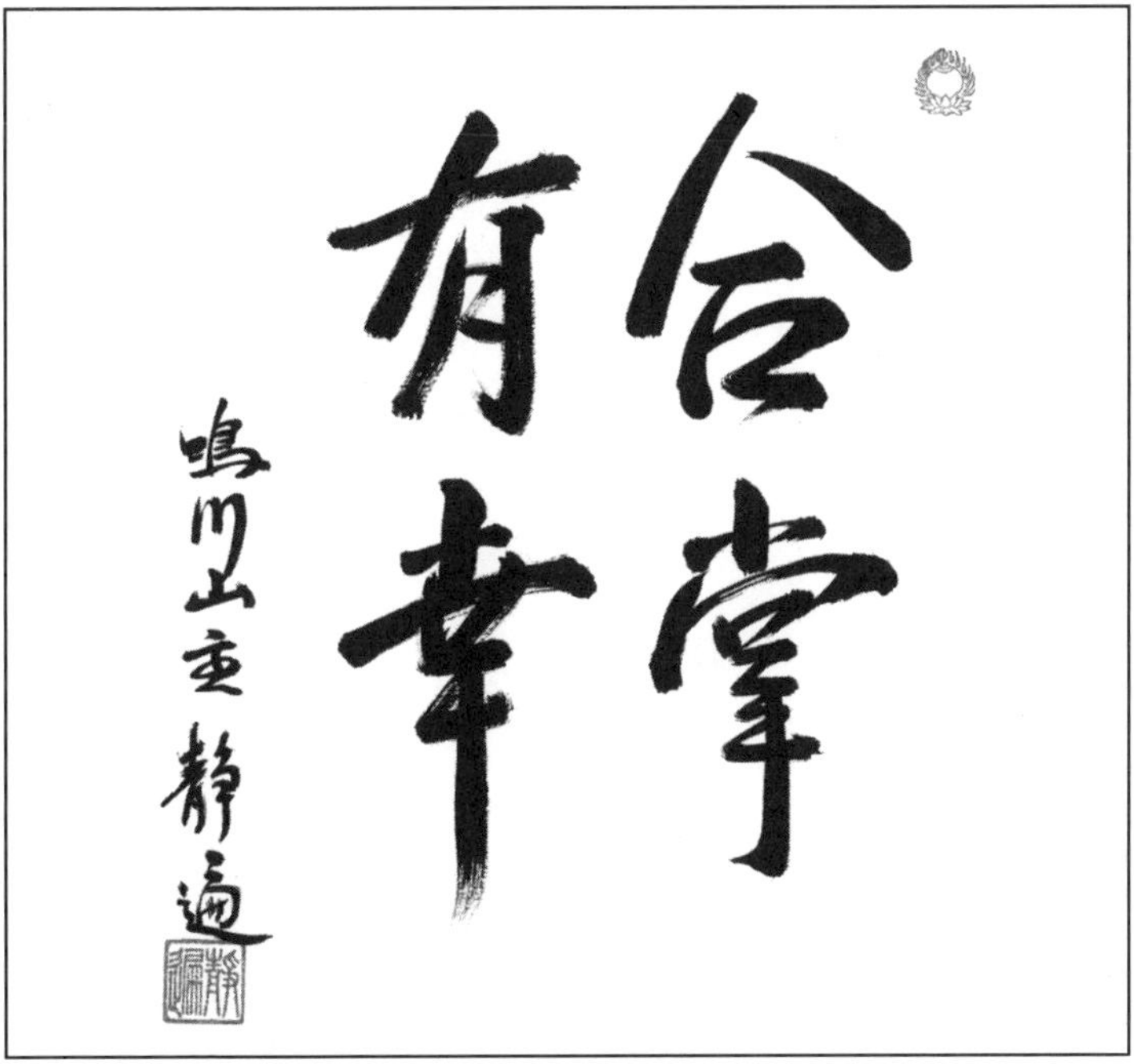

合掌有幸

千光寺住職　大塚静遍

本堂には役行者尊が漆の木で刻まれたご本尊、千手観世音菩薩様をお祀りしてあります。この観音様は四十二の手を持っておられ、胸の前にある二手はひときわ大きく合掌しておられます。

私たちはお寺にお参りしますと、お堂の前に進み、お賽銭を入れ鐘を鳴らし、合掌してお祈りします。観音様も合掌して私たちを迎えてくださいます。

ともに合掌しあう姿、ここに悟りの世界があります。

付近の見どころ

ゆるぎ地蔵石仏群

千光寺参道にある地蔵屋形内には、大型の笠石仏「ゆるぎ地蔵」十三仏があり、横に大きな五輪塔が建てられています。地蔵には弘安四年の銘があり、元寇の時に国家鎮護を祈って制作されたことがわかりました。町の指定文化財となっています。

金勝寺

椣原山金勝寺と号し、行基菩薩の開基といわれます。行基が当地を訪れた際、龍神が出迎え、行基の来訪を待ち望んだといいます。最盛期には、十間四方の金堂のほか、多くの堂宇を有していました。本尊薬師如来や薬師三尊仏、境内奥の磨崖石仏群が、町の指定文化財となっています。

金勝寺石仏

西宮古墳

廿日山丘陵南側の緩斜面に築造された一辺三十六メートル、高さ七メートルの方墳。二段のテラスを持つ三段築造で、墳丘全面に丁寧な貼石を施しています。墓域は広く、精美な切石の横穴式石室を主体部とし、内部に刳抜式家形石棺が安置されています。七世紀中葉から後半の築造とみられ、県の史跡に指定されています。

西宮古墳

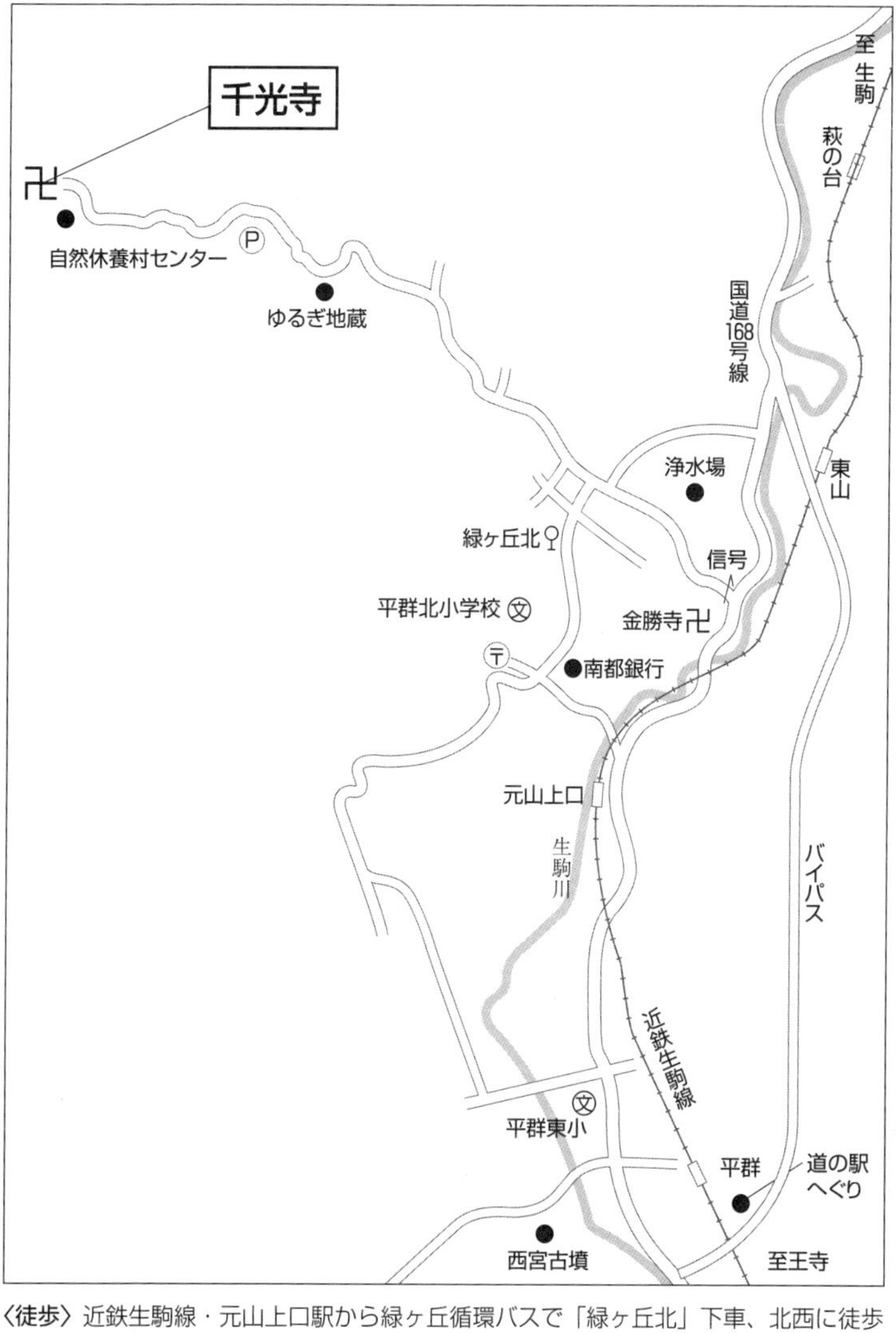

〈徒歩〉近鉄生駒線・元山上口駅から緑ヶ丘循環バスで「緑ヶ丘北」下車、北西に徒歩25分。〈自動車〉国道168号線の寺の看板のある交差点（信号）を北西に2.5キロ。普通車は門前に10台駐車可。大型バスは、寺から500メートル手前の駐車場に3～4台駐車可。

生駒山《いこまやま》　寶山寺《ほうざんじ》

通称　生駒聖天

〒630-0266　奈良県生駒市門前町1-1　☎0743（73）2006

宗派　真言律宗
本尊　不動明王

湛海律師が開いた生駒の聖天さん

奈良盆地を見下ろす山腹に、一つの岩屋があります。天智天皇の三年（六六四）に役行者が修行して梵文般若経を納めたところから、般若窟と呼ばれています。役行者は、般若窟を日本国の弥勒浄土の内院に、大峯山を外院《げいん》に擬したと伝えられています。弘法大師も入唐する前に、ここを修練の場とされました。

延宝六年（一六七八）、湛海律師が入山して、大聖無動寺を創建しました。後に、弘法大師真蹟の「寶山寺」の額が発見され、寺号を改めています。

律師は、般若窟で十万枚護摩を二十七度、八千枚護摩を六十七度厳修《ごんしゅう》。元禄十四年（一七〇一）に、東山天皇の皇子誕生祈願を修してから、皇室、将軍家、大和郡山藩主などの帰依を得て発展しました。

律師は歓喜天（聖天）を篤く信仰。貞享三年（一六八六）聖天堂を建立して、浴油《よくゆ》、華《け》水《すい》の秘供を始めました。現在も熱心な信者を多く集め、「生駒の聖天さん」として親しまれています。

般若窟の景観のすばらしさ

大正七年（一九一八）に開通した日本最古のケーブルの宝山寺駅で降り、長い石段を上がって、惣門と中門をくぐります。

境内に入ると、右手に二棟の大きなお堂があり、手前が本堂です。瓦葺き重層の建物で、湛海律師作の不動明王と二童子、倶利迦羅龍王、吉祥天、薬厠抳《やくしに》などを安置しており、いつでも拝することができます。

歓喜天（秘仏）は聖天堂に祀られ、その前の拝殿は、桧皮葺き八棟造りという特色のある建物となっており、本堂とは対照的な景観です。聖天信仰のメッカとして昼夜を問わず参拝者があるため、拝殿は二十四時間開放さ

本堂と般若窟

れています。毎月一日と十六日が縁日で、十六日には内陣の参拝も可能。東脇壇に奉安する厨子入り五大明王像（湛海律師作・重要文化財）も拝むことができます。

本堂の背後に迫る岩山が般若窟です。湛海律師は、この窟の本尊として、金銅の弥勒菩薩を安置されました。宝冠や唐草模様の光背などが美しいお姿を、境内の随所からあおぎ見ることができます。

役行者像

弥勒菩薩像の右手には、弁財天社と岩船明神社の祠が建っています。さらにその右側の行者洞には、貞享二年（一六八五）に奉納された役行者像が安置されています。

般若窟は聖域のため、一般の方が登頂することはできません。窟下の遥拝所からその景観を、存分に拝することにしましょう。

主な行事　一月一日～十五日新年特別祈祷会　二月三日節分会厄除星祭　四月一日大護摩会式　五月一日～十日大般若会式　五月八日佛誕会　九月二十三日（秋分の日）お彼岸万燈会　十一月一日～三日仏名会　十一月第三日曜日般若窟柴燈大護摩供　十二月一日聖天厄除大根炊き　毎月一日・十六日歓喜天縁日

拝観料　無料

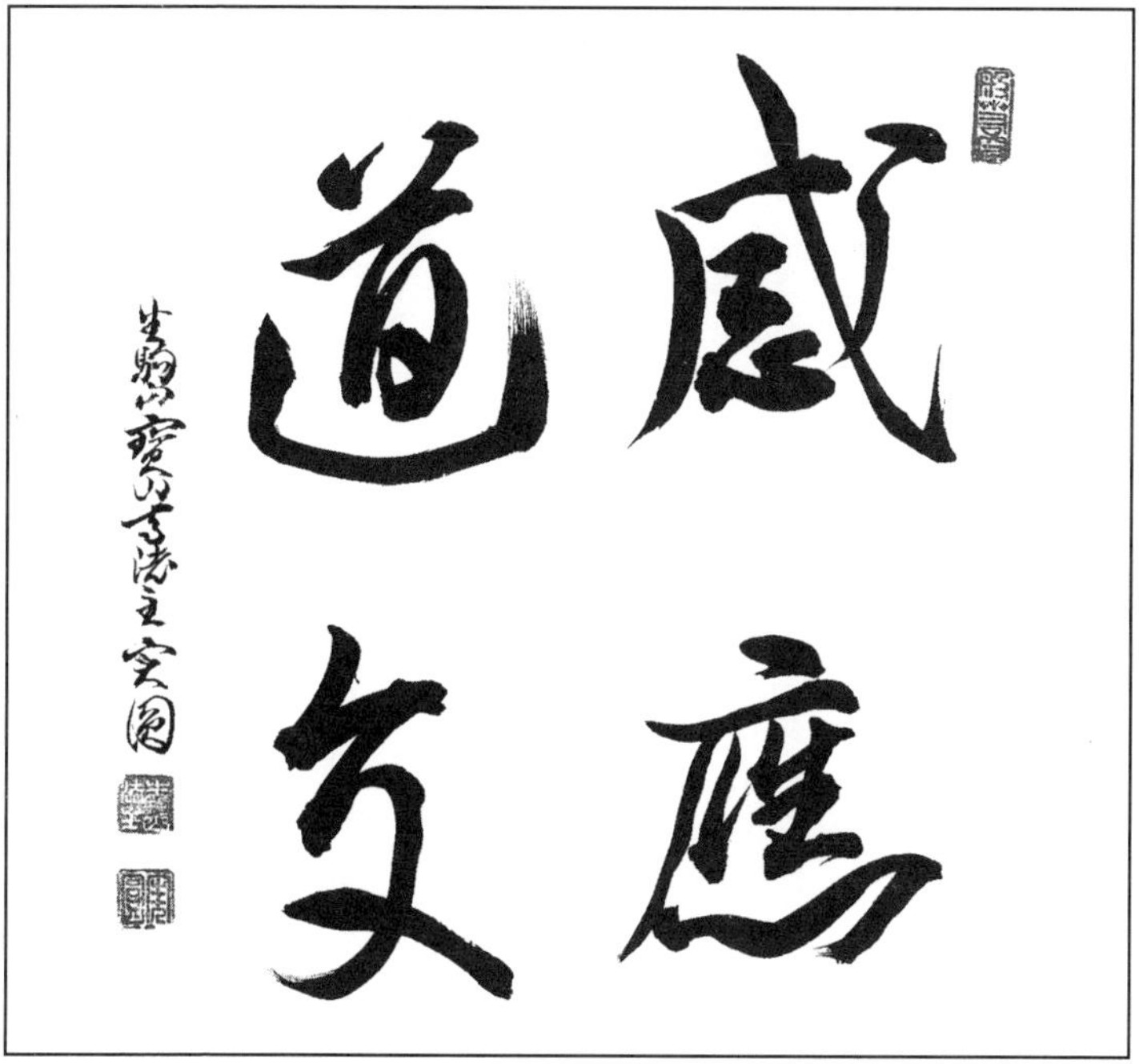

感應道交（かんのうどうこう）

寶山寺貫主　大矢実圓

歓喜天の大慈悲の殊勝なることは、到底筆舌に尽せるものでなく、深甚広大無辺であります。お聖天様は、私たちが浄心を凝らし、至心に心願成就を祈念すれば、その信心の心を感じ取られ、願いに応じてくださいます。

至心に祈る度合いや、諸々の因縁にしたがって、衆生を救い利益を給うがゆえに、ひたむきな帰依信仰こそは安らかな拠り所であります。人知の計り知れぬ現身において、微妙な境地に誘っていただけます。聖天様の感応道交によるご利益は、殊のほか大きいとされています。

付近の見どころ

見晴しは最高

生駒山上遊園地（スカイランドいこま）

大阪平野が一望できるビュースポットがあり、特に夜景の美しさは圧巻です。さまざまな遊戯施設のほか、宇宙科学館やペットふれあいの森などもあります。問い合わせは、☎〇七四三ー七四ー一一七三へ。

暗峠《くらがりとうげ》

江戸時代の大坂と奈良を結ぶ主街道で、峠付近には昔ながらの石畳の道が残っています。峠の北にホトトギスの名所として知られる、役行者創建の慈光寺があります。寶山寺から歩いていくことができます。

生駒山麓公園ふれあいセンター

緑に囲まれた施設で、学習、文化活動、レクリエーション、保養の場として利用できます。お風呂、温水プール、テニスコート、ゲートボール場、フィールドアスレチックが有料で利用でき、宿泊施設もあります。キャンプやバーベキューが楽しめる野外活動センターが隣接しています。問い合わせは、☎〇七四三ー七三ー八八八〇へ。

くろんど池

池を一周する散策路からは、アヒルやカモ、カワセミ、ルリビタキなどの野鳥が見られることもあります。四月末頃には、ソメイヨシノが見頃を迎え、その後に菖蒲、秋には紅葉を楽しむことができます。くろんど池という名の由来は、嵯峨天皇の時代に、蔵人（くろうど）職と呼ばれる貴族の別荘庭園としてつくられたという説が有力です。

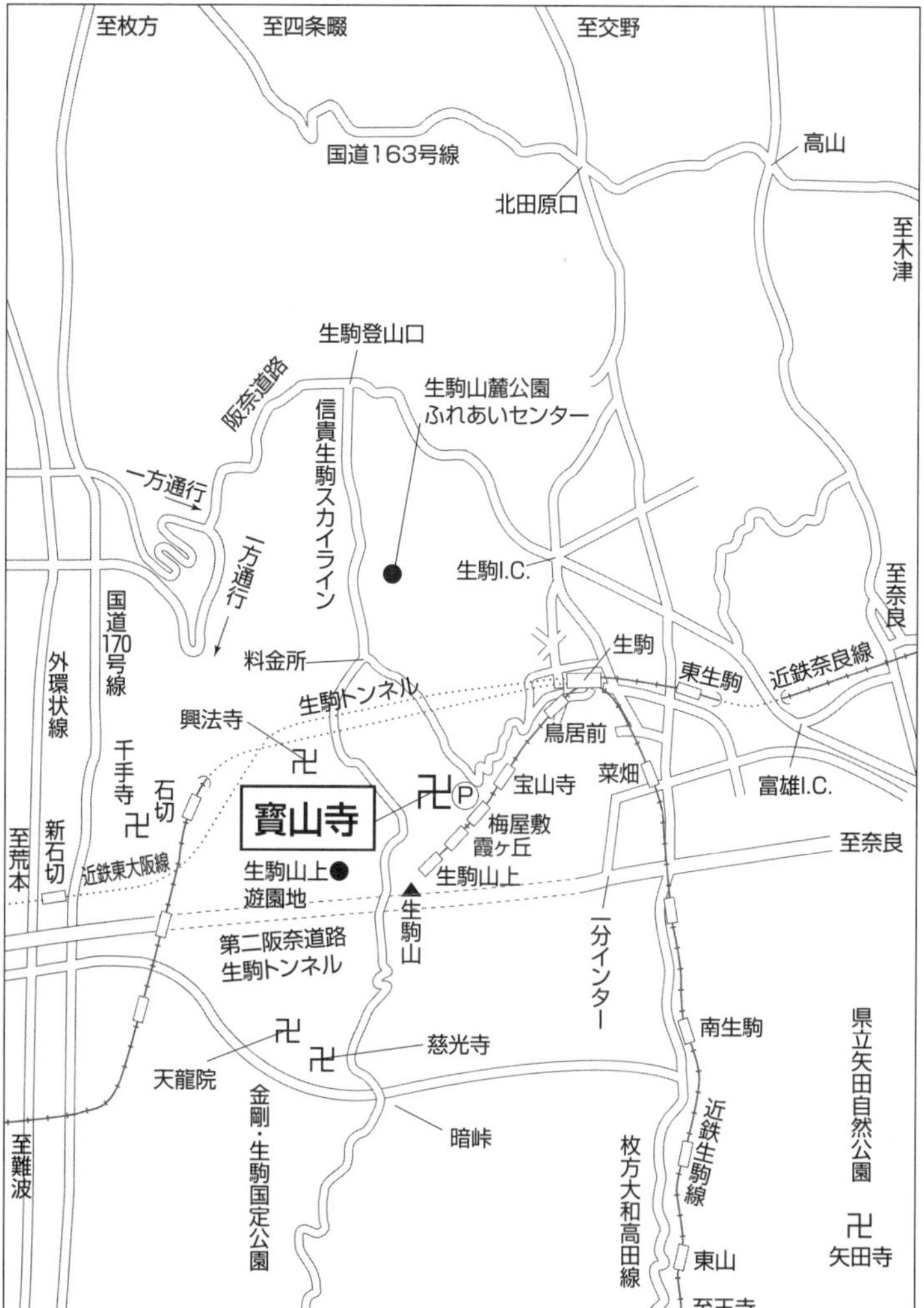

〈徒歩〉近鉄奈良線・生駒駅下車。鳥居前駅からケーブル線（20分ごとに発車）に乗換え、宝山寺下車（約6分）、徒歩約10分。〈自動車〉阪奈道路、宝山寺参詣専用自動車道路を経由のこと。専用駐車場完備。無料。

登美山鼻高《とみやまびこう》 靈山寺《りょうせんじ》

〒631-0052 奈良市中町3879 ☎0742（45）0081

ホームページ http://www1.ocn.ne.jp/~ryosenji/

宗派 靈山寺真言宗
本尊 薬師如来

薬草風呂から始まった

大和川の支流である富雄《とみお》川沿いは古くから開けた土地でした。『古事記』には登美、『日本書紀』には鳥見の地として登場します。靈山寺はこの富雄川に面し、山寺の雰囲気を保ちながら、近代的な美意識を感じさせます。

お寺の縁起は、初めての遣隋使として有名な小野妹子の息子、小野富人にさかのぼります。大海人皇子が六七二年の夏に起こした反乱、壬申の乱にかかわったため、富人はこの地に閑居を命じられます。そのとき、湯屋に薬師三尊仏を祀り、薬草風呂で人々の病を治したのがお寺の始まりといわれます。富人は人々から鼻高仙人とあがめられました。

天平年間にインドの婆羅門僧、菩提僊那《ぼだいせんな》が来日。登美山の形がインドの霊鷲山《りょうじゅせん》（釈迦が法華経等を説いたという山）によく似ているところから、靈山寺《りょうせんじ》と名づけたといいます。お寺には菩提僊那のお墓もあります。

鎌倉時代には北条時頼の帰依を受け、堂塔寺仏修復新調が行われました。僧坊二十一か寺の伽藍を有し、隆盛を極めました。豊臣秀吉、徳川家康らが寺領を寄進し、寺の経済的な基盤の確立に寄与しています。

本尊の薬師三尊像（重要文化財）は、秘仏として平素拝むことができないので、お前立《まえだち》として大ぶりの懸仏《かけぼとけ》が拝殿に懸けられています。このような大きい懸仏は珍しい。その懸仏の外側を外陣、内側を内陣と呼んでいます。天井は細かな格子で覆われ、寝殿造りでよく用いられている蔀戸《しとみど》が外側の正面に吊られています。鎌倉時代の密教寺院本堂建築の代表的遺構である本堂には、国宝としての重みを感じます。

靈山寺と神変大菩薩

靈山寺には、文化財指定が数多くあります。境内の鐘楼堂、鎮守社殿、桧皮葺きの三重塔

本堂

のほか、仏像、什宝物等は三十点を数えます。
　三重塔の前に行者堂があります。神変大菩薩、不動明王、青面金剛が祀られ、毎年九月十五日、千年も続く柴燈護摩法要が厳修されます。『役行者御一代利生記圖絵』（明治三十年発行）には、役行者が龍樹《りゅうじゅ》菩薩のもとを訪れた際の一文があります。「龍樹菩薩のかたわらに弁財天女坐し給い、その他の菩薩天人等殿内にみちみちたり。徳善大王香水とって行者の頂にそそきなで……」

行者堂

　行者堂を拝しながら、ふとこの文章が頭をよぎりました。大辧才天を金殿、白金殿に祀る靈山寺の今の姿が重なったからでしょうか。お参りの後、千二百坪、二百種類二千株のバラを満喫するのも、薬師風呂に入り鼻高仙人の遺徳にひたるのも、お参りの妙味かもしれません。

主な行事　一月一日～三日修正会　一月七日大辯才天初福授法会　一月二十七日寒施行　四月十七日春季護摩法要　五月第三日曜日薔薇会式　八月二十二日地蔵盆踊花火大会　九月十五日柴燈護摩法要　十月二十三日～十一月第二日曜日秘仏宝物展

拝観料　有料

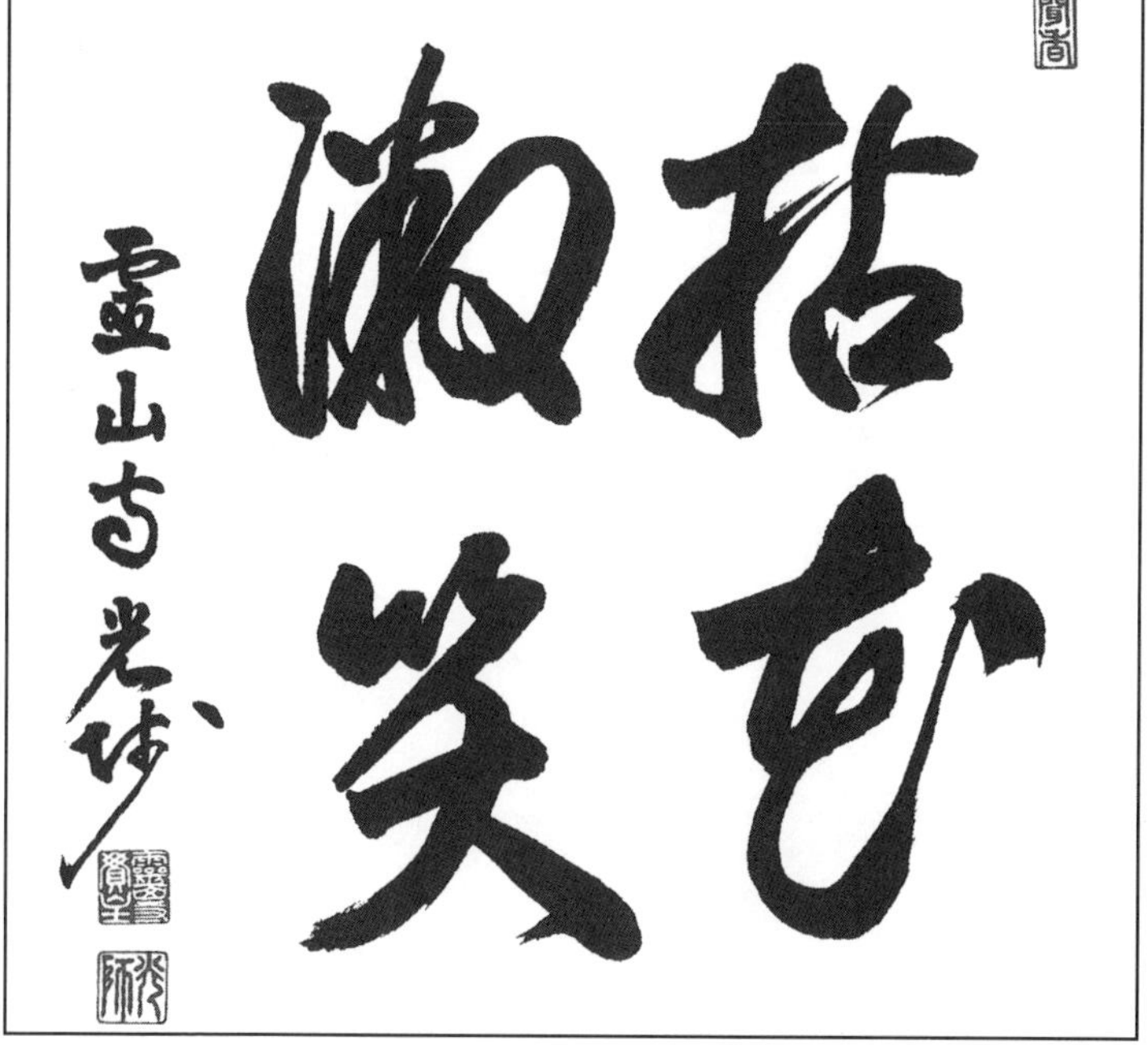

拈花微笑（ねんげみしょう）

靈山寺住職　東山光師

ある時、お釈迦様が霊鷲山で、梵王の献じた金色の鉢羅華を拈じて瞬きされました。会座の大衆は誰一人、その意味を理解できなかったが、摩訶迦葉《まかかしょう》のみその真意を了解し、破顔微笑したといわれます。言葉や思慮によって仏教の真髄を伝えるのではなく、「以心伝心」で伝えていくという意味です。

お釈迦様が出家されたのは、ばらの花がしおれてそのかぐわしい香りや美しさはどこに失せるのか、という迷いでした。世界中のすべての人が、ばらを愛するように他人を愛することができれば、必ず平和は訪れるでしょう。

付近の見どころ

あやめ池遊園地

菖蒲上池を囲むようにつくられた遊園地。池の周囲を走る「ワンダートレイン」、屋内大型アスレチック「こどもランド」のほか、世界最大級のメリーゴーランドや、キャラクターショー、動物園なども人気。問い合わせは、☎〇七四二—四五—〇九七一へ。

平城宮跡

七一〇年から七八四年までの奈良時代の都、平城京の跡で、世界遺産に指定されています。大極殿跡、朱雀門（復元）資料館、遺構展示館などが見どころです。また、春には、タンポポ、桜が見られ、秋には紅葉がきれいです。

追分梅林

見頃は二月中旬から三月上旬。背の低い白梅、紅梅が、約十ヘクタールの敷地に四千本あまり植えられています。

大和文華館

国宝の「寝覚物語絵巻」「婦女遊楽図屏風（松浦屏風）」など、日本・中国・朝鮮などの東洋の絵画・彫刻・陶磁など二千点を所蔵しています。月曜休館。問い合わせは、☎〇七四二—四五—〇五四四へ。

大和文庫館

赤膚《あかはだ》焼窯元

奈良、大和郡山両市内に六軒の窯元があります。赤膚焼の名は、かつての五条村・赤膚山の土を使ったことに由来しており、この土は鉄分を含むため、地肌がほんのり赤い色をしています。赤膚山に大塩昭山（四代目）の工房があり、赤膚焼手作り体験も行っています。有料、要予約。問い合わせは、☎〇七四二—四五—〇四〇八へ。

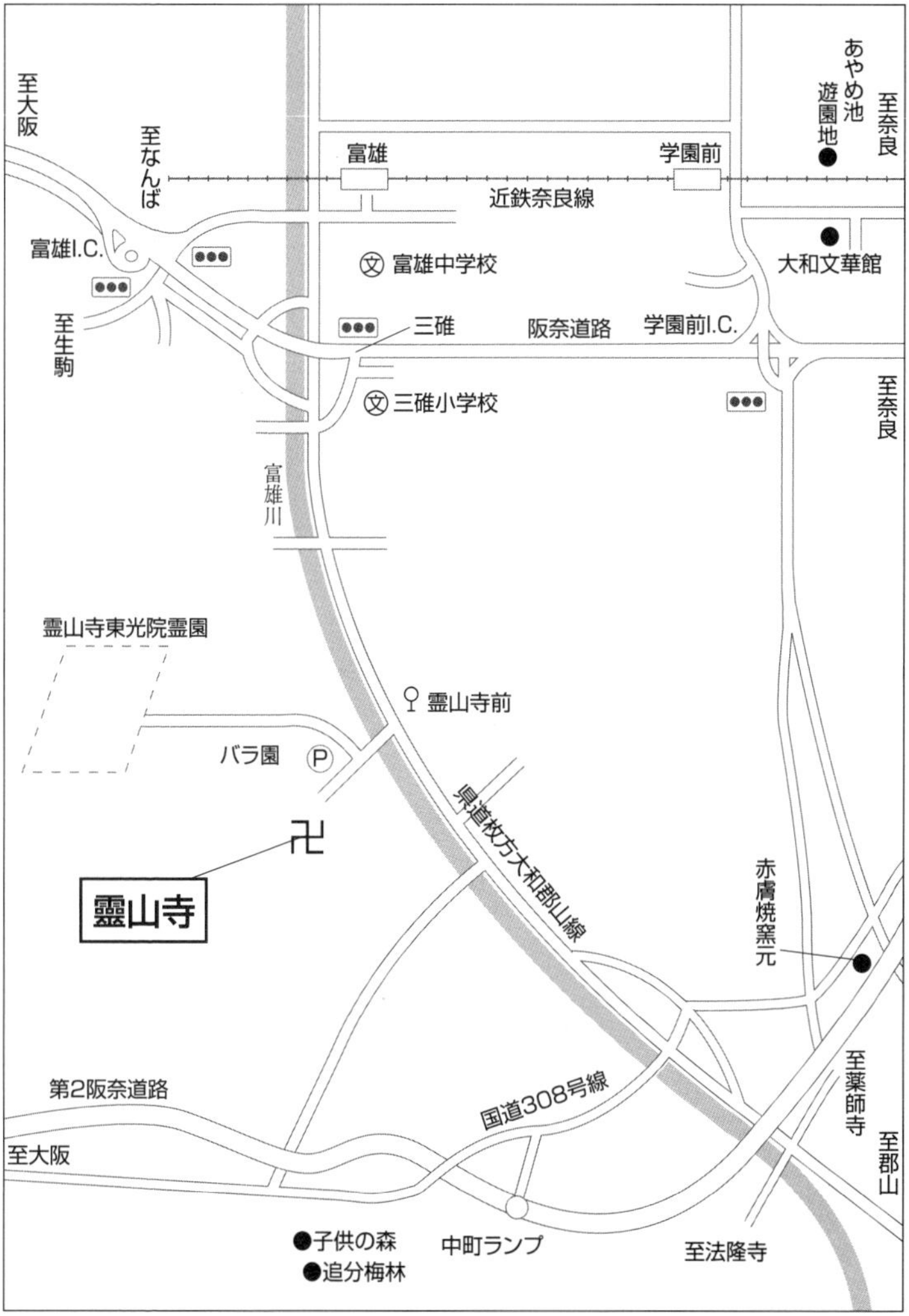

〈徒歩〉近鉄奈良線・富雄駅から奈良交通バスにて「霊山寺前」下車。富雄駅からタクシーの便あり、約７分。**〈自動車〉**阪奈道路の三碓ゲートより、県道・枚方大和郡山線に入り、南へ約５分。第２阪奈道路「中町ランプ」より北へ約５分。乗用車 200 台、バス 30 台の駐車場あり、無料。

松尾山《まつのおさん》 松尾寺《まつおでら》

通称　まつのおさん

〒639-1057　奈良県大和郡山市山田町683　☎0743（53）5023

宗派　松尾山真言宗
本尊　十一面千手千眼観世音菩薩

日本最古の厄除観音さん

〝マツノオサン〟〝マツノサン〟と親しみをこめて呼ばれる松尾寺は、近鉄郡山駅からバスで二十分、松尾寺口で下車して、西へ二キロ（約三十分）、田畑、竹林、松・杉・桧林の美しい景色を見ながら歩きます。

周辺には有名なお寺が数多く点在しています。世界遺産の法隆寺、思惟仏《しゆいぶつ》の中宮寺、三重塔の法輪寺、法起寺、茶道石州流ゆかりの慈光院。お地蔵様で名高い矢田寺、子どもの森を通って靈山寺と、特色のあるお寺参りができるのも魅力です。

養老二年（七一八）、元正《げんしょう》天皇の命を受けた舎人《とねり》親王が『日本書紀』（神代から持統天皇までの朝廷に伝わった神話・伝説・記録を記述した史書）の編纂《へんさん》事業に着手。事業の完成と自身の健康・除災を祈念するため、松尾寺を建立したという古い歴史をもつお寺です。

本尊の観音さまは千の手に千の眼をもつ千手観音菩薩。日本最古の厄除観音さんとして、その信仰は現在まで連綿として継承されています。この厄除観音信仰を支えたのが、多くの行者さんたちでした。

経典の中にも「観世音菩薩はさまざまにお姿を変えて諸国を巡り、衆生をお救いくださる」、行者七生前より天竺唐土《もろこし》日本に修行し給ふは是みな菩薩の権化《ごんげ》なるべし、といわれています。

本堂の横、大きな岩を仰ぎつつ石段を登ると行者堂が見えてきます。越智泰澄の作という、総高六尺におよぶ日本最大級の役行者像が、前鬼後鬼を従えて鎮座。御簾《みす》を通して拝することができます。当山は古くから厄除観音信仰とともに、修験道の拠点として大きな役割を担ってきました。金銅装山伏笈箱《おいばこ》、修験関係の古文書等、数多くの文化財があります。

本堂

松尾大明神

行者堂の脇石段を登ると明治に大修理された三重塔にいたります。さらに山道をたどると松尾大明神三社を祀る上台地に出ます。

古い仏教寺院は、必ず寺域に地主をお祀りしてきました。松尾寺も三尊思想にもとづいた三社神、清滝権現《せいりゅうごんげん》・大山咋神《おおやまくいのかみ》・牛頭天王《ごずてんのう》を地主神（松尾大明神）としてこの地にお祀りしています。

役行者像

清滝権現は、善女竜王で弘法大師の守護神。京都の醍醐寺を開創した聖宝・理源大師に、清泉の所在を教示したと伝えられる神様です。牛頭天王は祇園八坂神社の祭神として、素盞鳴尊《すさのおのみこと》の別名で悪障駆除、国土安穏、五穀豊饒、万民快楽を祈願する神様です。

大山咋神は「道淡海国の日枝《ひえ》の山に坐し、亦葛野《かつらの》の松尾に坐して鳴鏑を用つ神」と『古事記』に登場する神様。この三社を松尾寺では修験神として崇拝してきました。

山上からの眺めは素晴らしく、法隆寺までは直線で二キロ。斑鳩の里が眼下に広がり、その向こうに三輪山、香久《かぐ》山、耳成《みみなし》山、畝傍《うねび》山が、薄墨で描いたようにうっすらと浮かんでいるのが印象的です。

拝観料　大黒堂のみ有料

達摩

松尾寺住職　松岡秀禅

梵語「dharma」を音写したこの語は、仏教においては「法」と解釈されている。

現在、ＩＴ時代に突入し、多情報社会への変容を迎えたとはいえ、有限の眼に生きることには変わりがない。

有限の中に無限なるもの、普遍なるものが存在することに気づくことこそが重要なのである。

自心に「達摩」を思い、現象の世界がそのままに御仏の眼の世界であることを思ってほしい。

我々は何者なのかと心に思い、我々は御仏であったと内省することが無限への入道なのだから。

付近の見どころ

郡山城跡

約四百年前に筒井順慶により築城された城。かつて柳沢十五万石の城下町として繁栄したおもかげを、今に伝えています。城館は姿を消していますが、復元された追手門、隅櫓、多聞櫓などが往時を偲ばせます。また、天守台の石垣には、さかさ地蔵、羅城門の礎石など、転用石があります。

郡山金魚資料館

大和郡山市は、金魚の養殖が盛んで、年間金魚約八千万匹、錦鯉約六百万匹が生産されています。この資料館には、日本で最初に出版された金魚の飼育方法の図書や、初めて金魚のことを書いた本など、金魚に関する古書や錦絵などが展示されています。問い合わせは、☎〇七四三—五二—三四一八へ。

箱本館「紺屋」

「箱本十三町」として栄えた紺屋町の江戸時代の町屋を修復した建物。館内には金魚ミュージアムや、藍染道具等の資料展示、観光案内所、休憩室などがあります。藍染体験工房では、有料で藍染体験ができ、ハンカチやバンダナなどオリジナルの作品が作れます。月曜日休館。問い合わせは、☎〇七四三—五八—五五三一へ。

慈光院

創建は茶道石州流々祖であるだけに、庭園は、侘び寂びの境地を表現する日本の名園のひとつに数えられています。国指定名勝史跡。

国指定名勝史跡の慈光院

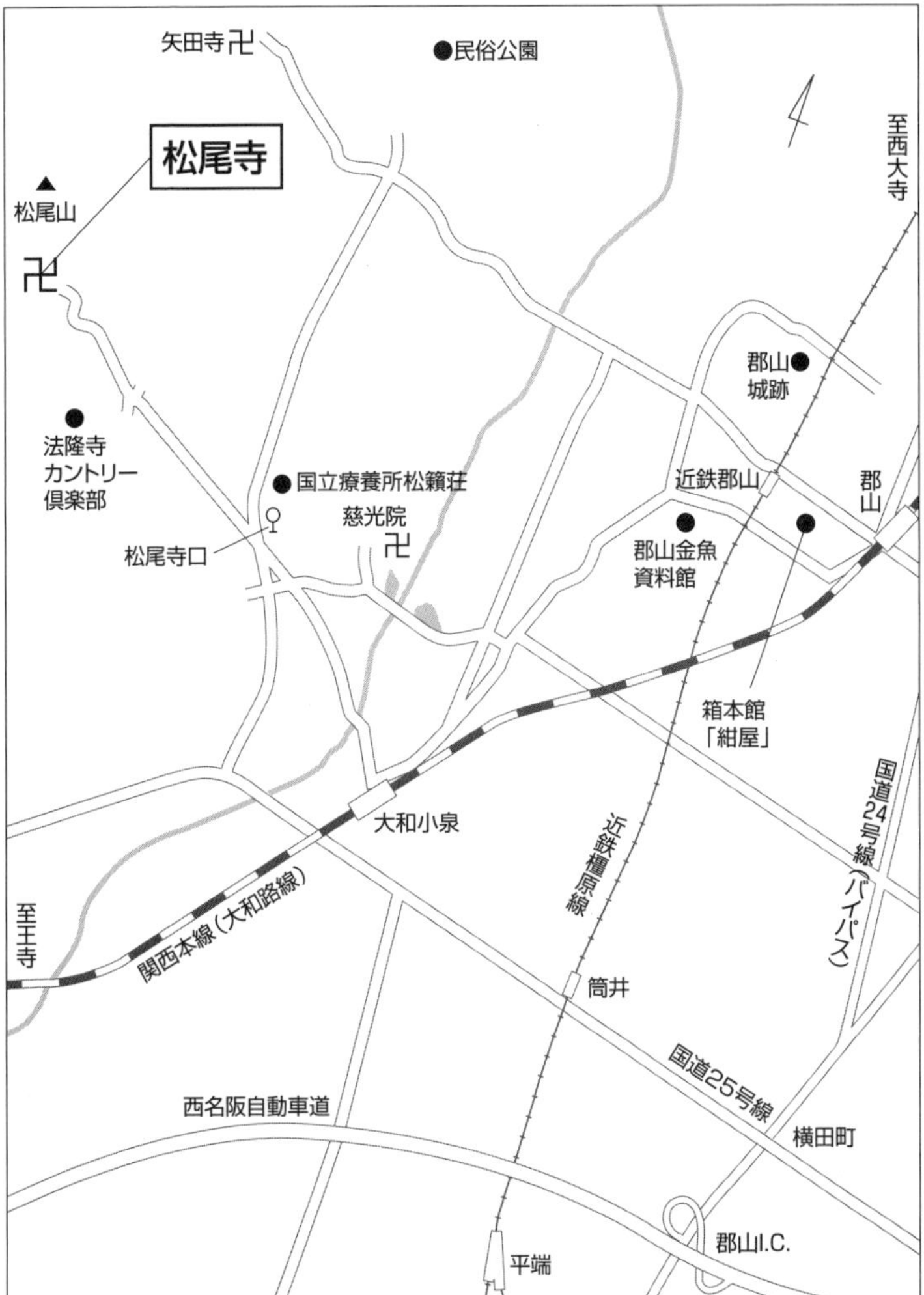

〈徒歩〉近鉄橿原線・大和郡山駅からバスにて「松尾寺口」下車、徒歩２キロ。またはJR大和路線・大和小泉駅下車、徒歩３キロ。タクシー利用の場合は、山門まで大和郡山駅から15分、大和小泉駅から７分。**〈自動車〉**西名阪自動車道・郡山ICから25分。駐車場あり、普通車200台可（駐車料無料）。

信貴山《しぎさん》朝護孫子寺《ちょうごそんしじ》

通称　信貴山寺

宗派　信貴山真言宗
本尊　毘沙門天

〒636-0923　奈良県生駒郡平群町信貴山　☎0745（72）2277
ホームページ　http://www.sigisan.or.jp/

世界一の張り子の寅

国内線で大阪伊丹空港に向かっていると、着陸十分ほど前に、眼下の山腹に舞台造りの信貴山本堂を望むことができます。

門前には数軒の宿があり、信貴山温泉と称しています。日帰り入浴ができる宿もあるので、参拝の後に立ち寄るのもいいでしょう。

切妻造が珍しい信貴山型石燈籠が並ぶ参道を行くと、巨大な寅の像が見えてきます。「世界一の張り子の寅」です。通常の張り子の寅と同じく、首がゆっくりと動きます。このあたりから、山の上に本堂を望むことができます。

壮大な本堂からは、大和盆地を一望のもとに見渡せます。本堂内では真っ暗闇のなかを歩く戒壇めぐりも体験できます。

千手院、成福院、玉蔵院の三つの塔頭《たっちゅう》寺院は、いずれも宿坊を兼ねています。各塔頭とも、様々な神仏を祀っています。山頂に向かう参道口には役行者堂があり、頂上には一願成就が叶う竜王（巳さん）を祀る空鉢護法《からはちごほう》があります。山頂と本堂を結び、谷側には、信貴山縁起絵巻にも登場する、霊験あらたかな劔鎧《けんがい》護法が祀られています。

その他、信貴山縁起絵巻（国宝）などを所蔵する霊宝館、開山堂、多宝塔、一切経蔵などの諸堂が、境内に点在しています。

聖徳太子を守った毘沙門天

聖徳太子が物部守屋との戦いのさなか、当山に祈願したところ、寅の年、寅の日、寅の刻に、日本で初めて毘沙門天が出現し、太子を守護しました。太子は「信ずべき、貴ぶべき山」信貴山と名づけて、戦いに勝利した後に寺を建立しました。これが信貴山の始まりです。

寛平年間（八八九～八九八）、命蓮上人が来山された頃は、衰微して小堂を残すのみで

世界一の張り子の寅

した。さっそく上人は堂塔を再建。さらに延喜二年（九〇二）、醍醐天皇の病気平癒に霊験があり、朝護孫子寺の勅号を下賜されました。信貴山の近くには、役行者が修行された元山上千光寺があり、修験道との関係が深かったと思われます。多宝塔の少し上に、役行者を祀る行者堂があります。命蓮上人は、修験者の性格を有していたのではないでしょうか。

本堂

毘沙門天は、多聞天とも呼ばれる仏法守護神であり、多くの武将が帰依しました。特に当山に母親が祈願して生まれた楠木正成は、幼名を多聞丸と称したほどです。

周辺は、金剛生駒国定公園に指定された風光明媚なところで見所には事欠きません。特に、春の桜と秋の紅葉は、一見の価値があります。

主な行事　一月初寅の日初寅大法会　一月十四日左義長　二月節分星祭・鬼追式　七月三日毘沙門天大祭

拝観料　霊宝館・戒壇めぐり　有料

寶在心（たからこころにあり）

総本山信貴山管長　鈴木凰永

「ありがたい」「おかげさま」と思う、素直な心を持ちましょう。

お宝の種は、そんな心に芽生え、実ります。

「心に寶無くして、寶は授からず」

合掌

付近の見どころ

農業公園信貴山のどか村

キャンプ場、フィールドアスレチックのほか、日本最大級の花しょうぶ園やベゴニヤ、洋ランなどが咲き乱れる観賞大温室があります。じゃがいも掘り・いも掘り・りんご狩りができ、木工教室・陶芸教室も開催。一年中、季節の鉢花を販売しています。木曜日定休。問い合わせは、☎〇七四五―七三―八二〇三へ。

とっくり湖

緑の山々に包まれ、長さ百メートルのとっくり吊橋がかかる湖。わらび、ふき、せりなどの山菜も豊富で、野鳥の姿も見ることができます。家族で気軽にハイキングが楽しめるスポットです。

バードウオッチングも

三室山生活環境保全林

万葉集に詠まれた三室山の自然を満喫できる憩の森です。三室山南斜面十一・三七ヘクタールの敷地に、子どもの遊びの広場や、古歌に詠まれた竜田川（現在の大和川）が一望できる展望台などがあり、散策の遊歩道も整備されています。三室山、竜田川は、紅葉の名所としても有名。飛鳥・奈良・平安時代には各地から参者遊客文人など、訪れる人が絶えることはなかったといわれています。

信貴生駒スカイライン

信貴山から山脈の尾根づたいに、高安山、十三峠、鳴川峠、暗峠、生駒山上に至るコース。緑の自然と史跡とを同時に観賞でき、ここから眺める大阪平野、奈良盆地の大展望はすばらしい。特に夜景は〝百万ドル〟と称されている、快適なドライブウェイです。

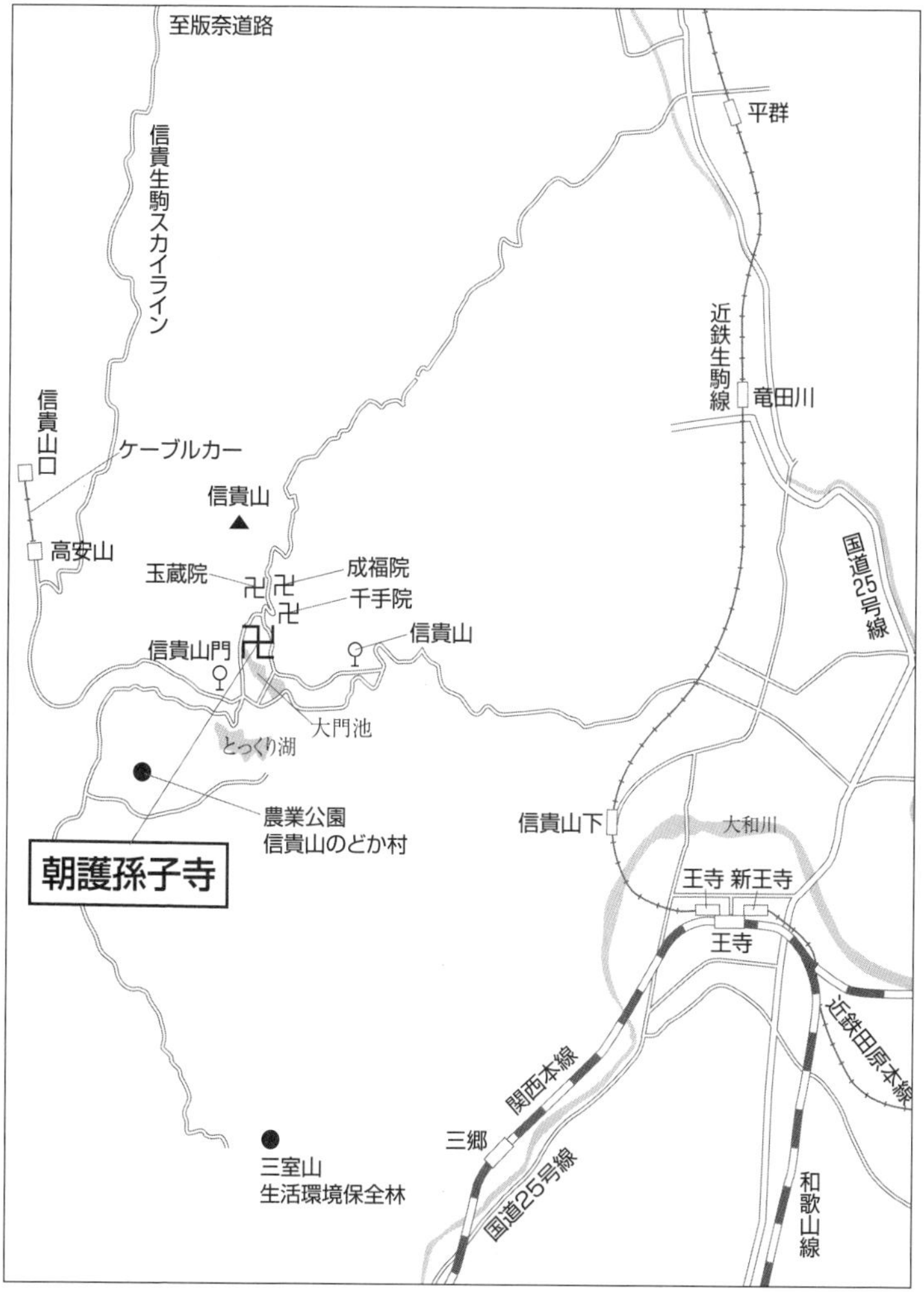

〈徒歩〉近鉄生駒駅またはJR王寺駅から近鉄生駒線に乗り換え、信貴山下駅へ。さらにバスにて「信貴山」下車。または近鉄大阪線・河内山本駅から近鉄信貴線に乗り換え、信貴山口へ。さらにケーブルにて高安山へ至り、そこからバスで「信貴山門」下車。〈自動車〉国道25号線より10分。西名阪高速の法隆寺ICまたは香芝ICから20分。阪奈道路から信貴生駒スカイラインにて信貴山門まで40分。駐車場あり。

宀一山《べんいちざん》 室生寺《むろうじ》

通称　女人高野

宗派　真言宗室生寺派
本尊　如意輪観世音菩薩

〒633-0421　奈良県宇陀郡室生村室生78　☎0745（93）2003
ホームページ　http://www.murouji.or.jp/

女人高野のたおやかさ

山林修行の場であった室生寺は、法相《ほっそう》、天台、真言各宗兼学の道場でした。

江戸元禄年間に真言宗として独立、女人の参詣が許されました。高野山の女人禁制に対し、「女人高野」として多くの人々に親しまれてきました。伽藍も自然と調和した小さく低く、やさしい建物で、女性的な温かさをお参りする人々に与えてくれます。

朱塗りの太鼓橋、石楠花に映える鎧坂《よろいざか》と金堂。弥勒堂の内陣は奥行きが浅く、仏様が一歩前にお出ましの感じがします。

お大師様（空海）が一夜で建立したという伝説を持つ塔（国宝）は、実存する五重塔（屋外の塔）としては最も小さく十六・一メートル、法隆寺や醍醐寺の約三分の一あまり。九輪は八個の風鐸《ふうたく》を下げた天蓋《てんがい》の形をして、頂には龍車と宝珠をいただくという独特の姿。実に優美で、人々に親しまれ、室生寺が〝女人高野〟と愛されるのもうなずけます。

役行者の開創

室生川の右岸の傾斜地に建つ室生寺は、地形が急峻で、古くから龍神が住む地として、雨乞の祈祷が営まれてきました。白鳳年間天武天皇の勅願により、役行者が山林修行道場として開創。興福寺の僧・賢璟《けんけい》が山部親王（後の桓武天皇）の病気平癒を祈願。『続日本紀』には宝亀八年（七七七）十二月、〝浄行僧〟五人により室生山中で「延寿法」が修されたと記されています。その功により室生山寺の名を賜わりました。

その後、唐から帰った空海は、恵果阿闍梨より授かった如意宝珠を室生の山に納め（如意山）、お寺の復興を許されました。そして、東寺、高野山とともに真言三道場のひとつとされました。大師の高弟真泰も入山。有名な「風信帖」にも「室生」の名が出てきます。

五重塔

室生寺には、国宝、重要文化財の仏像や建物の他、数多くの絵画、仏具等があり、平安初期（弘仁時代）の文化財の宝庫と呼ばれています。

金堂には、釈迦如来像（実は薬壺《やっこ》を持たない古い形式の薬師如来像ですが、釈迦如来として信仰されています）、十一面観音菩薩、薬師如来、文殊、地蔵、十二神将と、十七尊もの仏様が一堂に並ばれています。すべて国宝、重文ばかり、実に壮観です。

国の指定は受けていませんが、金堂右手に総高三メートルを越える金剛蔵王菩薩像がお立ちになっておられます。弥勒堂左奥には、二鬼を従えた役行者像が祀られています。

日本の四季は実に美しい。その美しさを写真に納める写真家・前田真三の写真館が、この室生寺にあるのも、何か納得できる気がいたします。

山門

主な行事　一月一日午前零時暁天祈祷　九月七日曝涼展　十一月第一日曜日もみじ茶会　十二月三十一日除夜の鐘

拝観料　有料

（地図123ページ）

実の如く自心を知る

真言宗室生寺派管長
室生寺座主　網代《あじろ》智等《ちとう》

『大日経』に菩提《さとり》とは自らの心を正しくありのままに知ることであり、ありのままに知ることによって一切知者（すべての人々の心を知る者、釈尊）の智が獲得されると説かれる。それは実に難行であるが、自らの心を知らない者は他人《ひと》の心を知ることはできない。自らの欲望を持て余し、思いやりに欠け、他人《ひと》の悲しみや苦しみに無関心で冷酷な「新人類」たちが、この平和な社会のどこかで着実にふえつつある今、私達は人間の生の尊さとその意味を真剣に自らに問うべきであろう。

楊柳山《ようりゅうさん》 大野寺《おおのじ》

〒633-0315 奈良県宇陀郡室生村大野1680 ☎0745(92)2220

宗派 真言宗室生寺派
本尊 弥勒菩薩

日本最大の線刻磨崖仏《まがいぶつ》

近鉄大阪線・室生口大野駅で下車して、南へ向かって五分も歩くと、宇陀《うだ》川沿いに建つ大野寺山門に着きます。

古歌に「めぐり来て　弥勒のむろに　大野なる　厳はくちせぬ　法の庭なる」とあります。宇陀川をへだてて対岸に立つ大磨崖仏(大野寺石仏・国史跡)は、十三・八メートルの弥勒仏の立像を線刻した日本最大の線刻磨崖仏です。

本堂の前に遥拝堂があり、そこから拝する弥勒尊像のお顔は、やや右下を見下ろし、右手は伸ばして垂れ、左手を挙げて親指と人差指を捻じられています。右足を少し前に踏み出し、腰を少しひねって立たれている姿は、荘重で優雅そのものです。

奈良興福寺の雅縁僧正の発願で、承元元年(一二〇七)十月、麻柱を結んで山神を鎮祀し、承元二年に弥勒像が完成しました。承元三年三月には、後鳥羽上皇が公卿、女房、六十数名を率いて、石仏開眼法要が営まれたと『興福寺略年代記』に記されています。

大野寺の大磨崖仏が開眼された十数年後には、承久の乱（一二二一）が起こり、後鳥羽上皇は隠岐の島に配流され、崩御されています。開眼供養のとき詠まれたのが、「奥山のおどろが下も　ふみわけて　道ある世とぞ人に知らせん」。そんな歴史の流れも、大磨崖仏は眺め続けてきたのでしょうか。

樹齢三百年の大桜

大野寺は、寺伝によると、白鳳年間に役行者が開き、天長元年（八二四）弘法大師が室生寺を再興するとき、この地にお堂を建て、弥勒菩薩を安置して「慈尊院弥勒寺」と称したと伝えています。弥勒菩薩は、お釈迦様が入滅されてから五十六億七千万年後、兜率天《とそつてん》浄土から下られ、衆生を救うことをお釈迦様

本堂

から委嘱された仏様です。修験の行者たちには、金峯山を弥勒菩薩が説法する兜率天の浄土とする信仰が古くから盛んでした。

　室生寺との関係は深く、『宀一《べんいち》秘記《ひき》』には「室生寺の西の大門を為す」と記されています。今でも室生寺に参拝されるほとんどの人がこの大野寺で一服、境内に咲く四季折々の花に心をよせ、堅海僧正が詩に詠った境地にひたられています。その詩を紹介しておきましょう。

　批地開東幾詩年　今観瑞像尚依然
　風景石壁清流急　後共山川萬億千

　境内を覆う二本のしだれ桜は樹齢三百年。四月十日前後には実に見事な花をつけます。

　本尊の弥勒菩薩、開山の役行者は、ともに本堂に祀られています。

　地蔵堂には、鎌倉時代作の身代わり焼け地蔵と呼ばれる木造菩薩立像（重要文化財）があります。八十・三センチの小さな仏様ですが、やさしいお顔で参拝の人々を迎えてくれます。

役行者像

拝観料　有料

（地図123ページ）

栄寿

大野寺住職　岡田明知

すべての人々が
仏さまのもとで
ともに
栄えることを
祈って

付近の見どころ

松平文華館

室生の旧家松平家所蔵の古美術を展示していましたが、平成六年（一九九四）に写真ギャラリーに一新。風景写真家・前田真三の北海道や室生近辺の写真を常設展示しています。館内には色とりどりの季節の花が生けられています。木曜日休館。問い合わせは☎〇七四五―九三―二六五一。

龍穴神社

室生寺から室生川に沿って約一キロ上流の地に、老樹に囲まれた延喜式の古社、龍穴神社があります。朝廷から勅使が派遣され、たびたび雨乞いが行われ、龍神の室生として知られるようになりました。近くには、雨や雲を支配する龍王が住むという龍穴（幅二メートルほどの洞穴）があります。

仏隆寺

嘉祥三年（八五〇）空海の高弟堅恵《けんね》によって創建されたお寺です。室生寺の南門に位置し、室生寺と末寺の関係にあります。境内には堅恵墓とされる石室（重要文化財）があり、お寺には空海が唐から持ち帰ったとされる茶臼が残っています。

道の駅・木もれ陽の森

お伊勢さんへの道、伊勢街道の宿場町として栄えた三本松にある道の駅（宇陀路室生）は、東大和西三重の旅のスタート地点。歴史街道唯一の道の駅でもあり、憩の場としても最適です。また、地元の農家で作られた野菜、米、花など、その日の朝に収穫されたものを販売する「こもれび市場」があり、新鮮で安いと評判です。火曜日定休。

木もれ陽の森

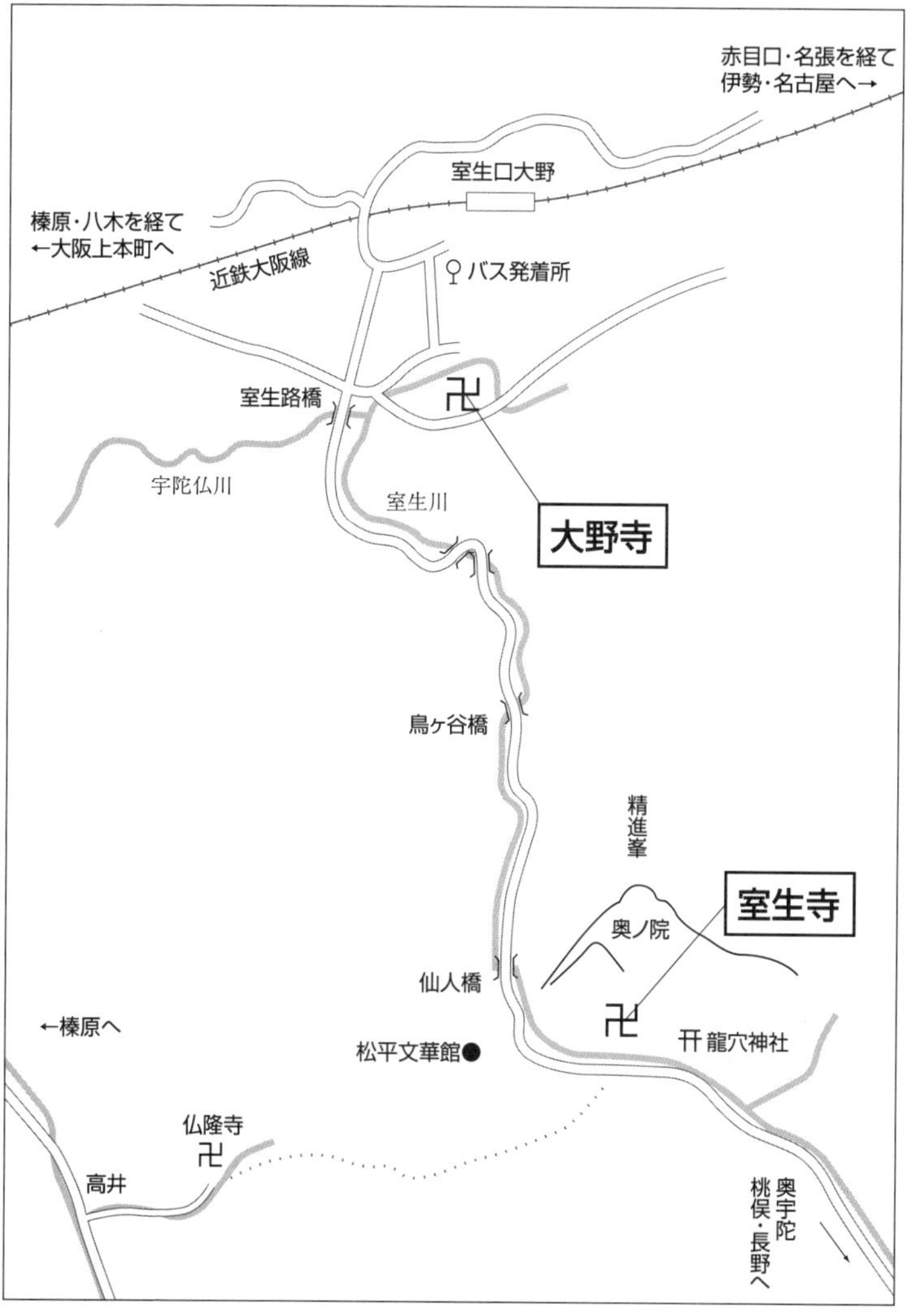

〈徒歩〉近鉄大阪線・室生口大野駅下車。大野寺は徒歩５分。室生寺はバスで「室生寺」まで約２０分。〈自動車〉国道１６５号線で室生村に入り、大野寺は室生路橋の手前を左折、室生寺は室生路橋から室生川に沿って上流へ行く。室生寺には有料駐車場あり。

聖護院門跡《しょうごいんもんぜき》

〒606-8324 京都市左京区聖護院中町15 ☎075（771）1880
ホームページ http://www.shogoin.or.jp/

宗派 本山修験宗
本尊 不動明王

修験道の総本山

京都の町なかに建つ武家屋敷を思わせる豪壮な山門。修験道総本山であり、しかも門跡寺院。一般人には入りづらい雰囲気がありますが、大仏間での参拝は、いつでも応じてもらえます。ただし、宸殿《しんでん》、書院、本堂などの拝観は、僧侶による詳しい案内がある関係上、予約が必要です。

寛治四年（一〇九〇）、白河上皇の熊野御幸の折に、増誉《ぞうよ》大僧正は先達をつとめました。その功により、「聖体護持」から二字をとって下賜されたのが、聖護院の始まりです。増誉は熊野三山検校職に任命され、全国の修験者を統括するようになりました。

後白河天皇の皇子、静恵法親王が入寺して以来、門跡寺院として隆盛を極めました。戦乱などによって何度か移転した後、延宝四年（一六七六）現在の地に落ち着きました。天明八年（一七八八）の大火で御所が炎上した際は、当寺が仮皇居に定められ、光格天皇は当寺で三年間政務をとっています。安政元年（一八五四）の御所炎上のときも、孝明天皇の仮皇居になりました。

役行者との深いえにし

参拝も拝観も、山門正面の大玄関から昇殿します。使者の間から宸殿まで、狩野派の手になる百余面の襖絵が並び、きらびやかな世界が展開されています。京都の寺院としては珍しく、尊像をのぞいて、自由に襖絵などの写真撮影をすることができます。

宸殿の中央が大仏間です。不動明王を中心に、蔵王権現や役行者などが安置されています。大仏間の右側に、一段高くなった部屋があります。ここが仮皇居となった上段の間です。違い棚の床の間など、気品あふれる一画です。後水尾天皇ゆかりの書院は、御所から拝領したもので、国の重要文化財に指定され

左が宸殿、右が本堂

ています。徳川幕府の圧力に抗った天皇の性格を反映してか、床の間を二つ造るなど、一風変った設計です。

本堂に入ると、正面に智証大師作の本尊不

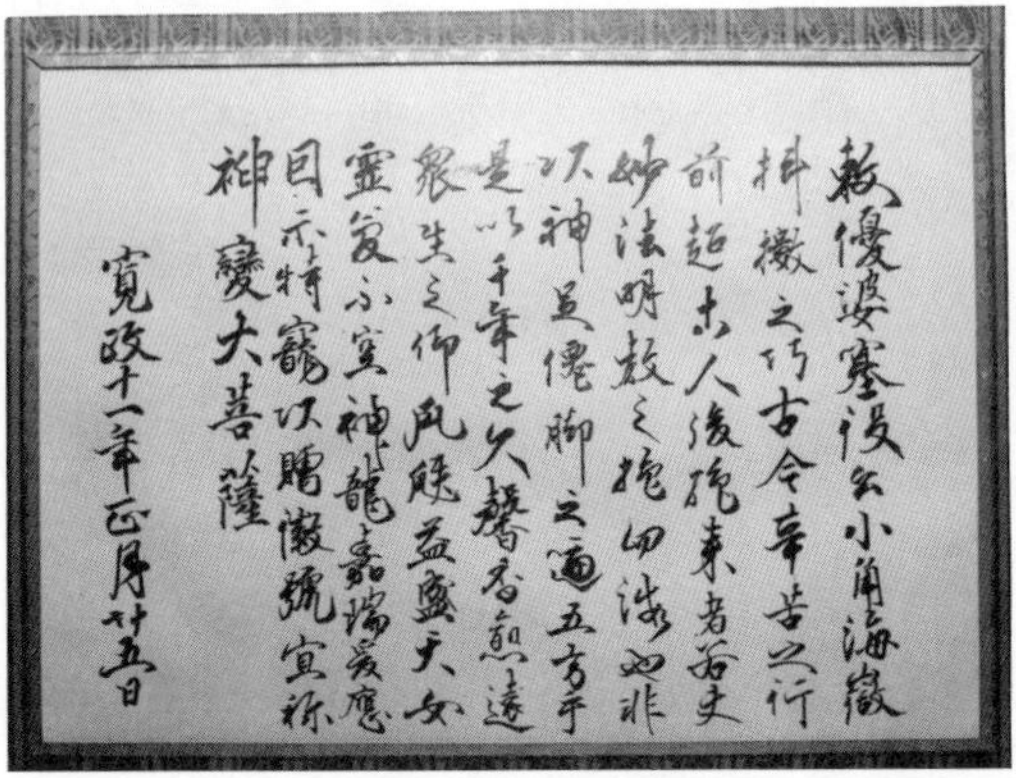

重要文化財「諡号勅書」

動明王。その右手の智證大師像とともに、国の重要文化財です。本堂にも役行者が祀られています。

役行者滅後千百年にあたる寛政十一年（一七九九）、当寺の宸殿において光格天皇から、神変大菩薩の諡号《しごう》が追賜されました。天皇真筆の諡号勅書（重文）が伝わっています。

その他、智證大師請来目録、熊野曼荼羅（以上、重文）、修験関係文書、日本一の大法螺などを蔵しています。役行者を信奉する修験者にとって、聖護院は重要な聖域のひとつといえるでしょう。

主な行事　一月八日〜十四日寒中托鉢修行　二月三日節分会　四月中旬葛城修行　六月七日高祖役行者報恩大会　九月上旬大峯奥駈修行

拝観料　宸殿・本堂・書院のみ有料

其の善縁を歓ぶ

聖護院門跡　加来徳泉

善い行為を善業といい、この善は一切のけがれを離れた善でなければならない。欲心のない心といいましょうか。自己から求めずして得る善、これが歓びの善であります。

聖徳太子は、修行の結果得られた善は本当の善ではない、結果を求めずひたすら身に修めた善、つまり心の働きではなく、身体そのものの行動の善でなければならないと教えられておりま す。そしてその縁を、私たちは歓び感謝し、仏道に精進するところに強い力が与えられるのであります。

付近の見どころ

平安神宮

明治二十八年（一八九五）平安遷都千百年を記念して創建されました。春の紅しだれ桜をはじめ、アヤメ、ハナショウブなど四季折々の美しい花が楽しめます。また、バードウォッチングにも最適で、カワセミやアオサギ、ササゴイほか、絶滅危惧種に指定されているオオタカの飛来も確認されています。

平安神宮

岡崎公園

平安神宮を北に見る市内有数の公園で、明治三十七年（一九〇四）に開設されました。京都国立近代美術館、京都市美術館、府立図書館、京都市動物園など多くの文化施設が隣接しています。

京都御苑

京都御所と仙洞御所を囲む約六十三ヘクタールの広大な敷地に、五万本もの樹木が植えられ、緑豊かな市民の憩の場として親しまれています。御苑内は自由に通行でき、散策に適しています。

吉田神社

平安時代、藤原氏の氏神として祀られたのが始まりです。境内南にある斎場所大元宮に参ると、全国の神社に参ったと同じ効験があると信仰されています。

吉田神社（本宮）

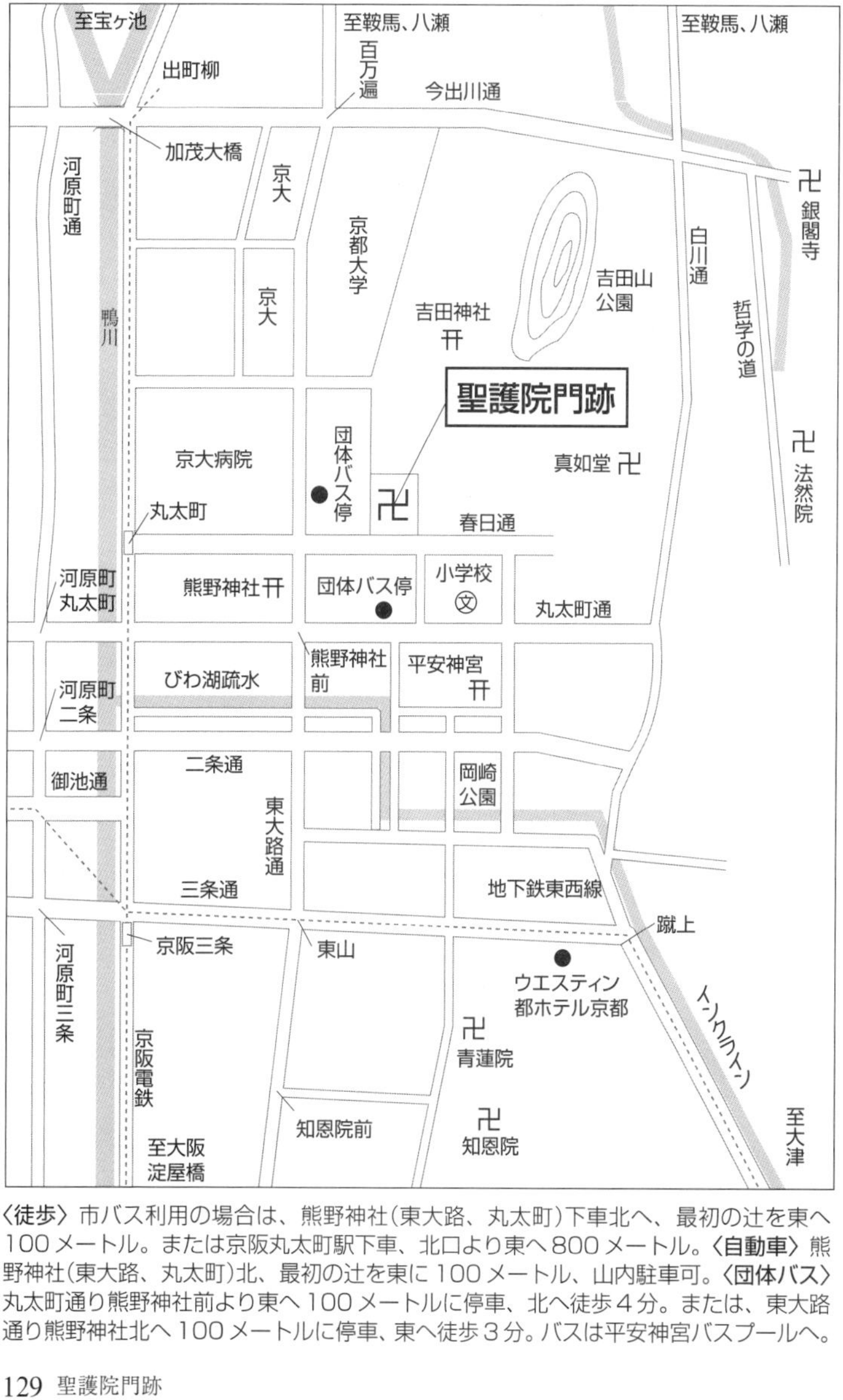

〈徒歩〉市バス利用の場合は、熊野神社(東大路、丸太町)下車北へ、最初の辻を東へ100メートル。または京阪丸太町駅下車、北口より東へ800メートル。**〈自動車〉**熊野神社(東大路、丸太町)北、最初の辻を東に100メートル、山内駐車可。**〈団体バス〉**丸太町通り熊野神社前より東へ100メートルに停車、北へ徒歩4分。または、東大路通り熊野神社北へ100メートルに停車、東へ徒歩3分。バスは平安神宮バスプールへ。

醍醐山《だいごさん》 醍醐寺《だいごじ》

宗派　真言宗醍醐派
本尊　薬師如来

〒601-1325　京都市伏見区醍醐東大路町22　☎075（571）0002
ホームページ　http://www.daigoji.or.jp/

大峯山の奥駈を再興

十三世紀の末につくられた『天狗草紙絵巻』には、醍醐寺の桜が満開に咲き誇る舞台で舞楽が行われ、それを天狗たちが取り囲んでいる桜会の様子が描かれています。醍醐の桜は平安時代から有名だったのです。その醍醐の桜を最も有名にしたのは、秀吉が慶長三年（一五九八）に開いた豪華絢爛な花見でした。

三宝院の庭園も五重塔も見事ですが、醍醐寺が醍醐寺たる所以は、聖宝《しょうぼう》・理源大師にあります。聖宝は、霊異相承・実修実証の祈りの原点を、役行者が開いた山岳修行に求め、山岳密教実践（修験道の真髄）を明らかにして、修験道当山派の祖と崇められています。

聖宝は貞観十六年（八七四）に上醍醐山上で地主の横尾明神の示現を受け、醍醐水の霊泉を得ました。そして、その地に小堂を建立、准胝《じゅんてい》、如意輪の両観音像を安置しました。それが醍醐寺のはじまりとされます。

聖宝は、当代随一の学問をおさめるとともに、弘法大師が伝えられた真言密教の伝承者として、入峯修行を実践。永く途絶えていた大峯山の奥駈を再興されました。また、密教の神秘的な霊験を発揮、貴族の願望成就から庶民救済にいたるまで、あらゆる人々のために尽力されました。

醍醐・朱雀・村上、三帝の信仰が醍醐寺に寄せられ、延喜七年（九〇七）には醍醐天皇の御願による薬師堂が完成、開山堂の落慶を見るに至り、上醍醐の伽藍が整いました。下醍醐の地にも伽藍の建立が計画され、延長四年（九二六）に釈迦堂、天暦五年（九五一）に五重塔が落成し、下伽藍が完成しました。

日本最大級の文化財

醍醐寺には、平安時代から江戸時代のものまで九十棟近い建造物があります。国宝、重要文化財が十六棟、そのほか絵画・彫刻・書

醍醐寺の法要

跡・工芸の国宝、重文を合わせると三万九四〇三点、未指定の文化財十数万点という膨大な数にのぼります。日本の文化史は、醍醐寺をはずして語れません。

そこにも、聖宝・理源大師が説かれた「実修実証――自らが修め、現実社会に証していく」の教えが脈々と流れています。

五重塔

江戸時代、三宝院に属する修験（山伏）を「当山派」と称することを幕府が許可し、その教風が一層広まりました。現在、醍醐寺に所属する山伏は二六〇〇人。聖宝・理源大師の教えを受け継ぎ、活発に活動しています。毎年春に行われる花供入峯修行もそのひとつです。

寺宝は平成十三年にできた霊宝館に収蔵・保存され、春と秋に一般公開されます。一見の価値があるものばかりです。

主な行事　二月二十三日五大力尊仁王会　四月第二日曜日豊太閤花見行列　六月七～九日三宝院門跡花供入峯修行　七月十九～二十三日三宝院門跡奥駈修行

拝観料　有料

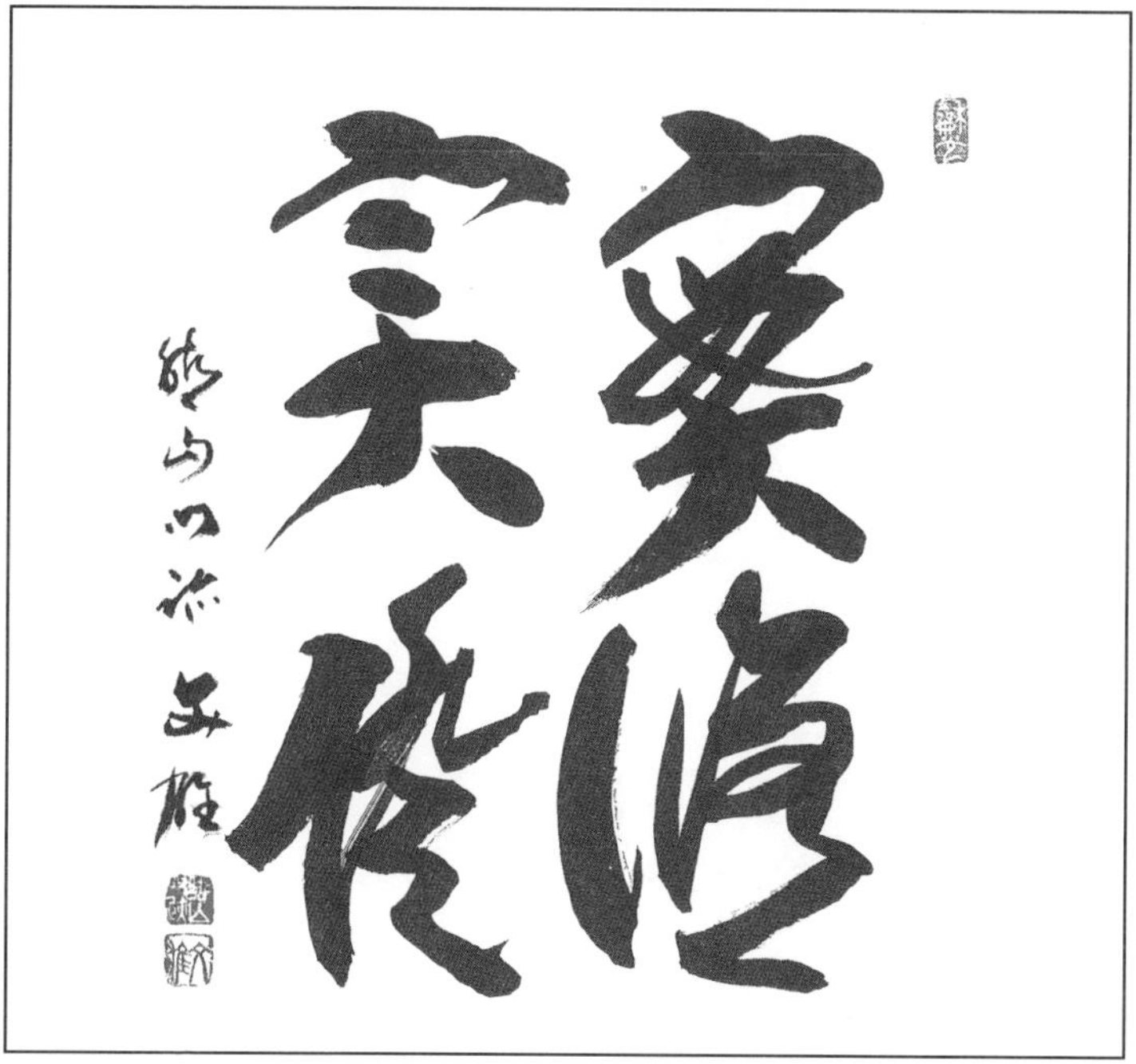

實修実證

醍醐寺座主　麻生文雄

聖宝・理源大師は、「霊異相承」という大きな祈りをもって、密教の修行・修法を中心に修行形態を整えた。大峯山を「一乗菩提正当の山」ととらえ、修験道の真実を「実修実証」の四文字で解き明かしている。一乗真実のお山で全智全能を結集し修行する姿を「実修」=「入りて学ぶ」とし、「実証」とは移り行く社会に「出でて行う」として、修験道の真髄を明かしている。大峯山の修行中、一歩一歩、山をめぐるとき、身体とともに心も歩む。心に力を持てば、そこに行動・実践は生まれる。〝心に力を〟、それが修験道である。

付近の見どころ

伏見桃山城

豊臣秀吉が築いた晩年の居城で、現在の伏見桃山城は、昭和三十九年（一九六四）に旧伏見城・お花畠山荘跡に再建されました。天守閣では、桃山時代の町家、伏見の城と町、秀吉と利休による金の茶室、桃山風俗文化などが紹介されています。城内には遊園地・キャッスルランドもあります。

随心院

小野小町ゆかりの寺で、開祖は仁海。現在の建物は慶長四年（一五九九）の再建で、小町化粧の井戸や文塚、小町晩年の姿を写した卒塔婆小町像など、小野小町に関する伝承遺跡が数多く残されています。また、国の史跡に指定されている境内には梅園があり、三月下旬頃には見事な紅梅が咲きます。

金剛王院（一言寺）

「平家物語」ゆかりの寺で、創建は聖賢、本尊は千手観音で阿波内侍の念持仏と伝えられています。本尊の霊験はあらたかで、ただ一言一心に祈れば願いがかなうといいます。

願い事を一言だけ叶えてくれる

勧修寺《かじゅうじ》

昌泰三年（九〇〇）醍醐天皇が祈願所として創建。庭園は、氷池と呼ばれる池泉庭園です。特に〝氷室の池〟は京都でも屈指の小池として知られ、スイレンの名所としても有名です。

法界寺

日野薬師とも言われ、安産や授乳祈願で有名です。また、親鸞聖人生誕の地として知られ、親鸞が産湯として使ったとされる井戸も残っています。正月十四日には「日野の裸おどり」が行われます。

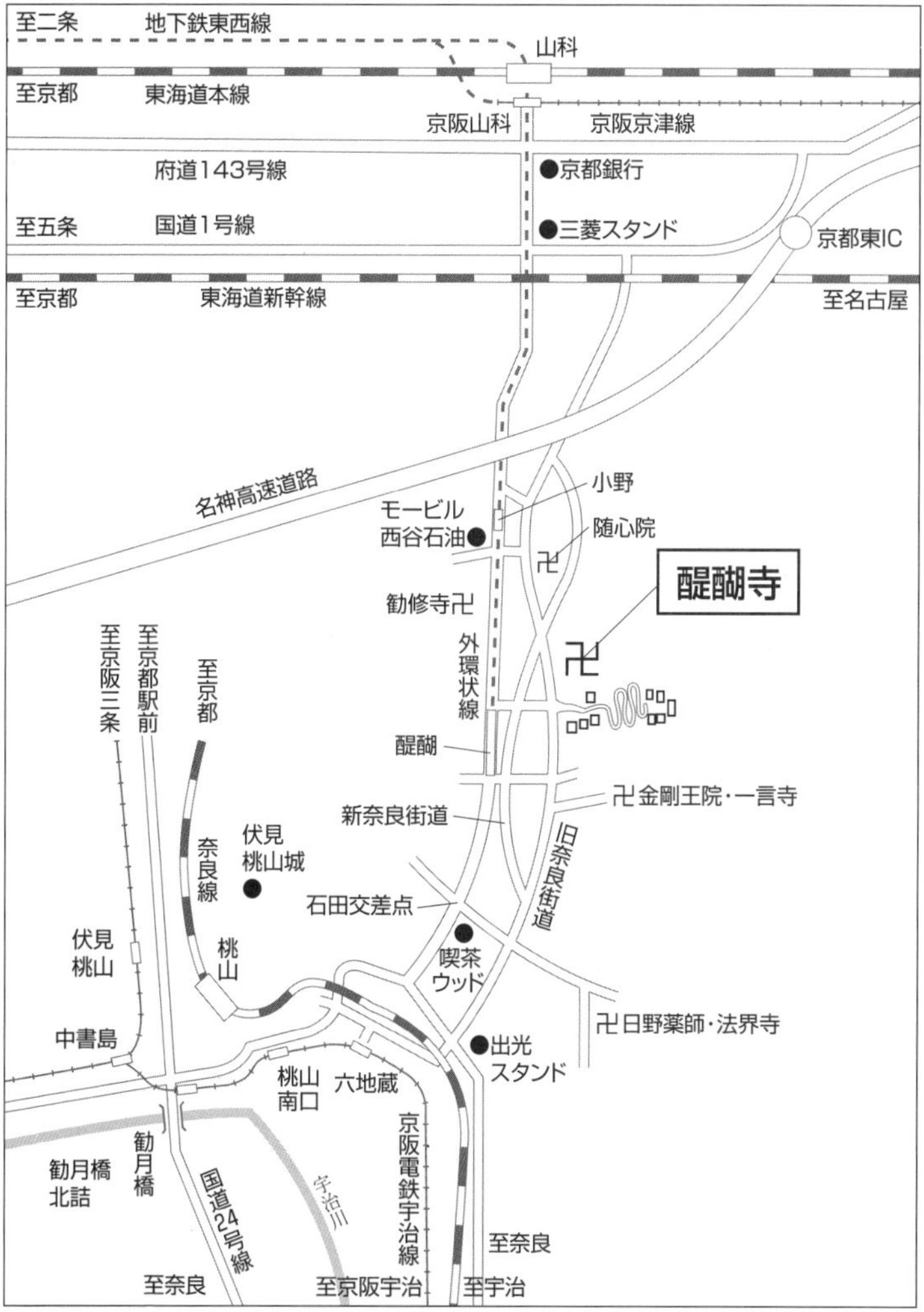

〈徒歩〉 JR 山科駅、JR 六地蔵駅、京阪六地蔵駅より、醍醐三宝院行、または醍醐三宝院前経由の京阪バスに乗車、醍醐三宝院前下車。**〈自動車〉** 名神京都東 IC より国道 1 号線を京都五条方面へ。外環状線、旧奈良街道を経て三宝院へ。**〈団体バス〉** 旧奈良街道は大型車北進一方通行のため、北方からの進入は外環石田交差点より旧奈良街道へ。自動車、バスとも有料駐車場あり。

根本山《こんぽんざん》 神峯山寺《かぶさんじ》

〒569-1051 大阪府高槻市原3301-1 ☎0726(88)0788
ホームページ http://www.kabusan.or.jp

宗派 天台宗
本尊 毘沙門天

すがすがしい参道と境内

交通量の多い神峰山口のバス停から、山門まで続く参道を登って行きます。途中の、自動車が通る道から分かれた徒歩の道が、実に素晴らしい。竹林のなかの道で、風が吹き抜けるたびに頭の上で竹がぶつかりあい、カランカランと鳴り響いています。

すがすがしい気分にひたりながら、再び自動車道に出たあたりに、道に大きなしめ縄が掛かっています。縄に樒《しきみ》の枝を結びつけたものので勧請掛といい、ここから聖地ですよと教えてくれます。

葛城山拝所と刻まれた石碑もあり、修験の寺に来たという実感が湧きます。仁王門の手前には、役行者が背負っていた笈《おい》を置いたという笈掛石があります。

仁王門からの参道は、紅葉の名所。渓流に沿って気持ちよく境内へ導いてくれます。明和二年（一七六五）に焼失した後、安永六年（一七七七）に再建された本堂には、本尊の毘沙門天（秘仏）のほか、阿弥陀如来や二体の聖観音（いずれも重要文化財）など、諸尊像が安置されています。本堂の右手、急な石段を上ったところが、役行者を奉安する開山堂です。役行者を祀るお堂としては、規模の大きな建築となっています。

本邦初の毘沙門天

文武天皇の元年（六九七）のこと、葛城山で修行されていた役行者は、北方の嶺から光明が射すのを見ました。さっそく当地に来ると、九頭龍滝《くずりゅうだき》の滝口から、金毘羅童子があらわれ、霊木のありかを示したのです。歓喜した役行者は、四体の毘沙門天を刻みました。これが、日本初の毘沙門天といわれます。

役行者が刻まれた四体の毘沙門天のうち、最初の尊像は、神峯山寺の本尊となりました。次の尊像は東北に飛んで鞍馬寺へ、次は巽へ

仁王門

飛んで信貴山へ。最後の尊像は北に飛んで、神峯山寺の奥の院だった本山寺に移り、それぞれ本尊になったといわれます。九頭龍滝は今も境内の奥にあり、滝行を行う聖地とされ

開山堂

ています。

宝亀五年（七七四）、弥勒寺（現在の勝尾寺）で修行していた開成皇子《かいじょうおうじ》は、毘沙門天の使者の金毘羅童子に当寺まで導かれ、中興開山となりました。皇子の父君の光仁天皇の勅願所となり、寺運も興隆。寺領千三百石、僧坊二十一を数えました。境内には、光仁天皇の分骨塔（十三重石塔）や、開成皇子の遺髪を埋めたという五輪塔があります。

足利義満や淀君、豊臣秀頼などの寄進により、多くの堂塔が造営されました。しかし、江戸時代にそのほとんどを焼失し、現在は宝塔院（本堂）、寂定院、龍光院の三院を残すのみとなっています。

主な行事　正月初寅初寅会　毎月八日毘沙門天祭

拝観料　無料

一杯の茶

神峯山寺住職　近藤眞道

奥の座敷に、火鉢があって鉄瓶がかかっている。そのお湯で、一杯のお茶を、お寺に来られた方に住職が差し上げることになっている。

水は山の湧き水、それを毎日朝一番に汲んできて、竈に火を入れ、薪で沸かすのが、僕の仕事。沸いたお湯を鉄瓶に移し、火鉢にかけ、炭火でトロトロ。ほどよい温度でお茶を淹れて客人に振舞う。これが実に絶妙の味を出す。

水道の水、ガスで沸かしたお湯ではこの味は出ない。何十年も変わらず、たまたま昔のままで残った、火鉢と鉄瓶と一杯の茶の湯。そこにひょっとしたら、本来の高い文化生活を探る糸口が隠されているのかも知れない。

よかったらお寺に来ませんか。文化の話でもしましょう。でも、何もありませんよ、一杯のお茶ぐらいしか……。

付近の見どころ

摂津峡公園

面積三十七・二ヘクタールの風致公園で、大分県の耶馬渓に似た景観から、「摂津耶馬渓」とも呼ばれます。北摂随一を誇る桜の名所としても知られています。園内には約三千本の桜があり、中でも桜広場は多くの花見客で賑わいます。また、夏は清流での水遊び、秋は紅葉と、四季折々の風情が楽しめる自然公園です。

摂津峡

たかつきフラワーパーク

季節ごとのさまざまな花が楽しめる公園。花のほかにも、高槻の地場産業「清水の寒天」を紹介する寒天資料館や、色々な種類の自転車に乗れる自転車広場、ニジマス釣りができる池、バーベキュー施設などがあります。金曜日休園。問い合わせは、☎〇七二六―八〇―三九八七へ。

高槻花しょうぶ園・しゃくなげ園

約五百種百万本のハナショウブやアヤメ、カキツバタ、アジサイなどが咲き誇り、花の美しさと豊かな自然が楽しめます（開園期間六月上旬～七月上旬）。また、花しょうぶ園の東側には、しゃくなげ園があり、約百七十種五千本のシャクナゲが迎えてくれます（開園期間三月下旬～五月下旬）。問い合わせは、☎〇七二六―八八―九一三三へ。

史跡新池ハニワ工場公園

最古・最大の官営ハニワ工場跡で、窯十八基、工房三基、工人集落などが見つかっています。ハニワは今城塚古墳などに供給され、『日本書紀』の記録にある「埴盧」にあたります。

〈徒歩〉 ＪＲ京都線・高槻駅から原大橋行き市バス神峰山口下車、徒歩２０分。**〈自動車〉** 高槻駅方面から枚方亀岡線を北上。亀岡峰山バス停を右折して門前の駐車場へ。大型バスはバス停から徒歩。

紫金山《しこんざん》 法楽寺《ほうらくじ》

通称　たなべ不動

宗派　真言宗泉涌寺派
本尊　大聖不動明王

〒546-0035　大阪市東住吉区山坂1-18-30　☎（06）6621-2103
ホームページ　http://www.evam.com/hourakuji/

平家物語と法楽寺

「祇園精舎の鐘の声、諸行無常の響きあり」有名な『平家物語』の冒頭の一節です。法楽寺の草創はこの物語の中に見ることができます。

「平清盛の嫡子、重盛は『吾身栄花《ごしんえいが》』を安んじるため、妙典という正直者の船頭に黄金三千枚を託し、宋国育王山へ結縁《けちえん》を求めました。妙典は宋国へ渡って、育王山の方丈、仏照国師に逢い、重盛の意を伝えました。国師は、重盛の仏法に寄せる篤い志に感嘆し、阿育王寺伝来の仏舎利の内二顆を送って、その篤志に報いました」

治承二年（一一七八）摂津国住吉郡、河内源氏の支配地の真っ只中に、怨親平等（敵味方の分け隔てなく平等に祀る）を旗印に源氏の棟梁、源義朝公の念持仏である如意輪観音と、阿育王寺より伝来した仏舎利をお祀りするため、法楽寺を建立しました。

お寺の古文書には、「安元元年（一一七五）乙未也《きのとひつじなり》」と記されています。もともとこの地には小さな庵があり、大日如来をお祀りしていました（新潟県加茂に現存）。

蔵王権現像

お寺の側の道は難波宮の朱雀《すざく》通りで、飛鳥へ行く道と熊野へ出る道の分岐点でした。熊野街道には、「はうらくじみち」の道標が残っています。法楽寺は熊野詣の出発基地でもあったようです。

本尊不動明王像をはじめ、蔵王権現立像（銅造・府指定文化財）、不動明王二童子図像（醍醐寺不動明王二童子図像と酷似・重要文化財）、十巻抄（重要美術品）は、不動信仰の証として守り伝えられています。特に蔵王権現立像は、元慶年間（八七七〜八八五）に龍宮から出現し、源融《みなもとのとおる》公の守護仏であったといういわれのある尊像です。ニューヨーク

五月大祭には雅楽が奉納される

のメトロポリタン美術館にある蔵王権現像と同じ系統のものといわれています。境内には書道家小坂奇石先生の作品を所蔵する小坂奇石記念館があります。

本堂は書院造りで、大和大宇陀三万一千二百石を領した松山藩織田家の殿舎を譲り受けたものです。役行者像と蔵王権現像は、本堂の奥殿に祀られています。

金銅蔵王権現像

「日本のお釈迦様・尊者」と尊崇を集めた慈雲尊者（一七一八～一八〇四）は、法楽寺で得度・出家しました。真言正法律《しょうぼうりつ》を唱え、一宗一派にとらわれず、顕・密・禅・神道にも造詣の深い江戸時代の高僧でした。尊者の十善法語の教えは浪花商人の心に根づき、「右手にそろばん、左手に十善法語」の言葉を生み、浪花商人の信用の高さを育みました。

境内には樹齢一千年といわれる大楠が亭々と茂り、三重宝塔が市内にいることを忘れさせてくれます。

主な行事　一月一日～三日歳旦吉祥護摩　一月二十八日初不動大祭、柴燈大護摩供（五月、九月にも）二月一日～七日節分厄除星祭　十月二十一日四国八十八ヶ所お砂踏み

拝観料　記念館のみ開館時有料

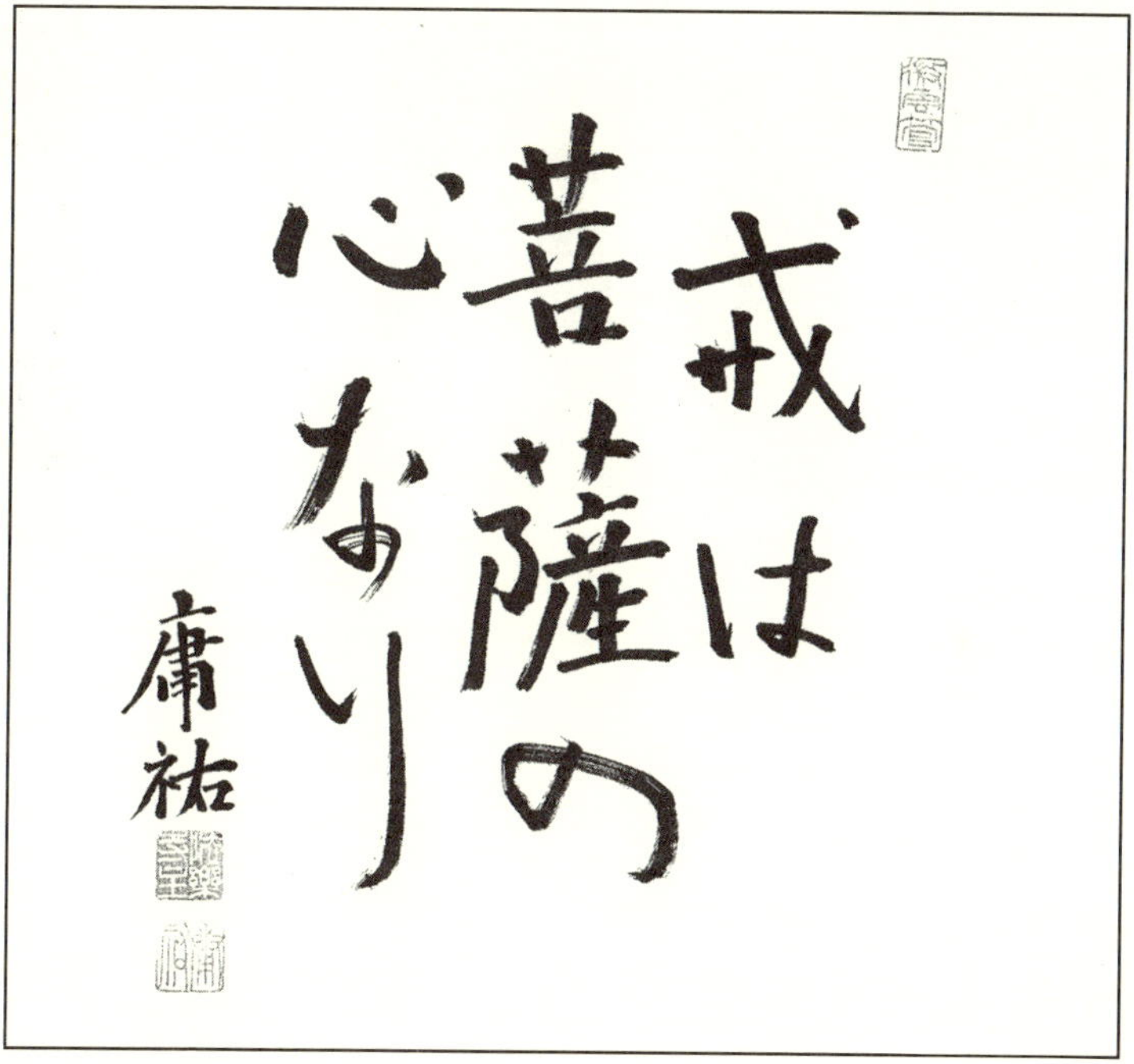

戒は菩薩の心なり

法楽寺住職　小松庸祐

〝戒〟は、「戒め」や「さとし」など、他から与えられる禁制としての意味に使われています。しかし、江戸時代の僧慈雲尊者は『十善法語』の中で、「自らの心の中にある善き事に背かない行い」を〝戒〟と説いています。道に木材が落ちている。避けて通る人。つまずき、蹴飛ばし通る人。「危ないなあ」と拾って道の脇に置く人。対応の仕方（行い）は様々です。他の人が危険な目に遭わないように、自らの手で木材を取り除くことは善き事です。その心を「菩薩の心」といい、この行いを〝戒〟と捉えるのが人の道です。

付近の見どころ

長居公園

陸上競技場を中心に、運動施設区、植物園区、自然園区の三区からなる総合公園です。長居

長居植物園

植物園には、数多くの野鳥たちが集まり、四季を通じて咲くいろいろな花や、約五百五十種もの樹木があります。また、園内には自然史博物館、みどりの相談所、花と緑と自然の情報センターなどの文化施設や、テニスコート、プールなどの運動施設も併設しています。

住吉大社

豊臣秀吉寄進の太鼓橋で有名な、約千八百年の歴史をもつ古社です。もともとは、海路の安全を願う神社で、家内安全・商売繁盛・交通安全・厄除けなどのご利益があります。本殿は、住吉造の典型的な建造物として国宝に指定されています。

帝塚山古墳

大阪市内に残る四古墳（茶臼山古墳、御勝山古墳、聖天山古墳、帝塚山古墳）の一つで、六世紀頃の前方後円墳です。大和朝廷に高官として仕えていた大伴金村の墓という説もあり、国の史跡に指定されています。

大阪市立美術館

昭和十一年（一九三六）に、天王寺公園内に開館。常設展示では、国宝や重要文化財を含む、日本や中国の絵画・彫刻・工芸など八千点を超える収蔵品と、社寺などから寄託された作品を随時陳列しています。月曜日休館。問い合わせは☎〇六―六七七一―四八七四へ。

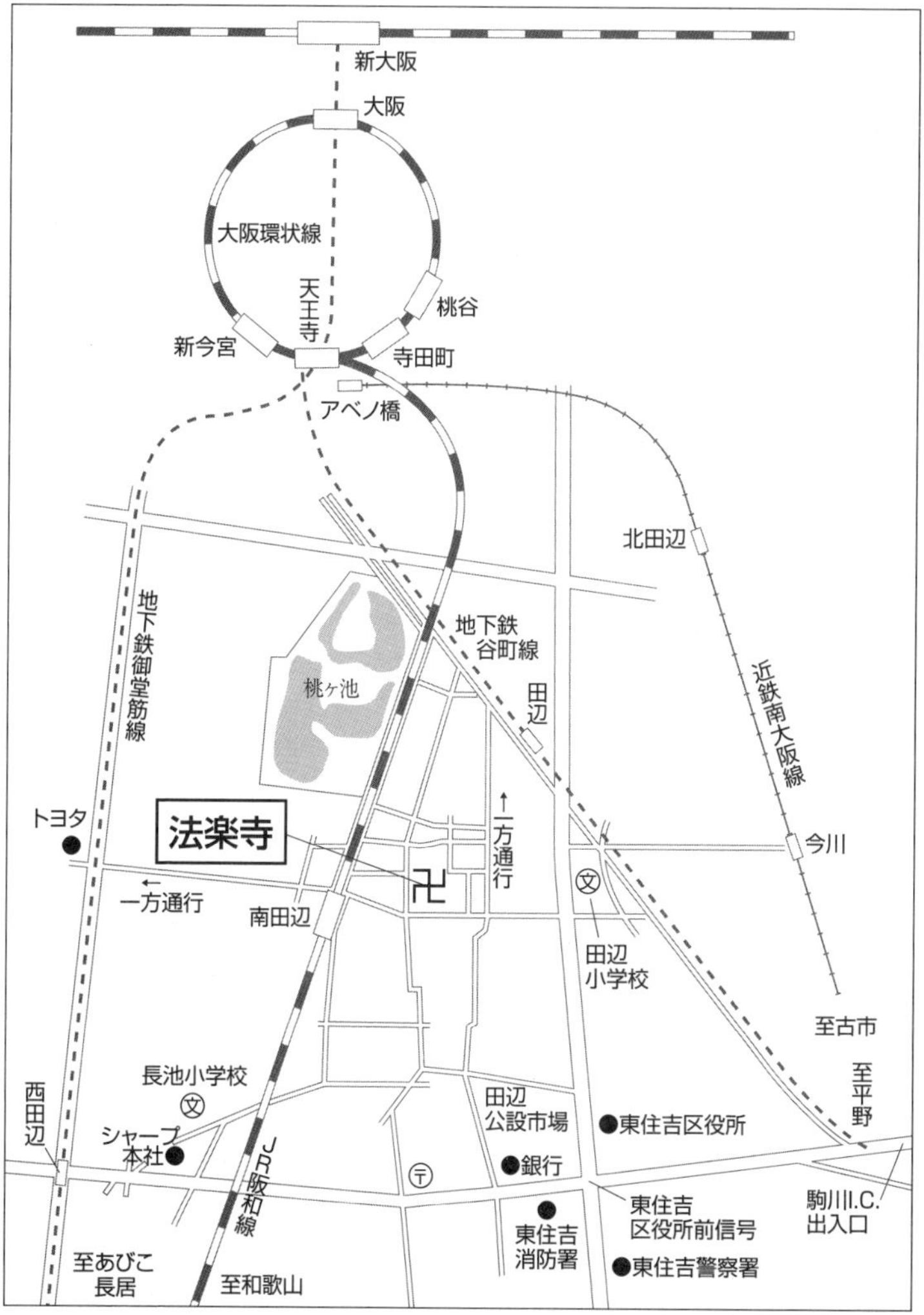

〈徒歩〉JR 阪和線・南田辺駅下車、東へ 100 メートル。地下鉄谷町線・田辺駅下車、南西へ 150 メートル。近鉄線今川駅より西へ徒歩 10 分。〈自動車〉長居公園東側の筋を北へ直進。田辺小学校角を西（左）へ進む。高速利用の場合は、阪神高速・駒川出口を右へ、東住吉区役所前信号を右へ直進。小学校角を西（左）へ進む。駐車場あ

阿弥陀山《あみださん》 松尾寺《まつおでら》

〒594-1154 大阪府和泉市松尾寺町2168 ☎0725(54)0914

通称 泉州松尾寺

宗派 天台宗

本尊 如意輪観世音菩薩

首堂《こうべどう》と山門

バス停のかたわらに、巨大な木が、豊かな枝振りでそびえています。樹齢八百年のくすのきで、お寺の裏手にある樹齢三百年の山桃とともに、大阪府指定の天然記念物です。かつては、このあたりまでお寺の境内が広がっていたことを示し、その壮大さが偲ばれます。

駐車場は三か所。最も奥の第三駐車場は境内のすぐ裏手にあるので、足弱の人でも楽に参拝できます。しかし、第一駐車場から石段を上らなければ、二つのみどころに出会うことができません。

まず、首堂。一ノ谷の合戦の折、戦死者の首は、源義経によって三艘の船に乗せられました。一艘は四天王寺、一艘は堺港寺、そして最後の一艘の首が、この首堂へ葬られたと伝えられています。

次が、楼門様式の山門です。宝永二年（一七〇五）の建立で総楠造、一本の釘も使われておりません。左右には、持国天と増長天を祀っています。この山門は、楼上に上がれます。鉄段を上って、小さな入り口から入ると、大きな文殊菩薩が安置されています。

弘法大師などを祀る念仏堂、続いて南海沿線七福神の一つ寿老神堂、さらに石段を上り詰めれば、金堂や不動堂、水子地蔵回向堂などが並ぶ境内に至ります。

最古の役行者画像

金峯山での修行を終えた役行者は、当山に籠もっていました。すると、三天尊が現れたので、その姿を刻みました。現在、金堂の前に三天堂があり、五穀を守護しています。さらに七日後、山中に光る楠を見いだし、そのなかに如意輪観世音菩薩を感得しました。その霊木に彫刻したのが、本尊といわれます。

その後、泰澄《たいちょう》大師、行基菩薩、伝教大師、弘法大師などの高僧が訪れ、仁明《にんみょう》天皇や後醍

金堂

醐天皇の祈願所にもなって、大いに隆盛します。しかし、天正九年（一五八一）織田信長の焼き打ちにあい、全山焼失しました。

現在の金堂は、豊臣秀頼によって四天王寺の阿弥陀堂を移築したものです。鎌倉時代の建築で、大阪府の文化財に指定されています。本尊如意輪観世音菩薩を中心として、右側に阿弥陀如来、聖徳太子、役行者、左側に伝教大師、泰澄大師が安置されており、四月の御《み》影《え》供《く》の折に開帳されます。

役行者画像

古刹だけに、多くの文化財を伝えており、いずれも和泉市久保惣記念美術館に寄託されています。孔雀明王曼荼羅、如意輪陀羅尼経、宝篋印陀羅尼経は、国の重要文化財です。

絹本着色役行者像は、滝が落ちる山中で、八童子と前鬼、後鬼を従えた姿で描かれています。鎌倉時代の作で、役行者の画像としては、現存最古のものです。

主な行事　二月三日節分会　四月第一日曜日御影供　旧十月十五日松尾明神供

拝観料　無料

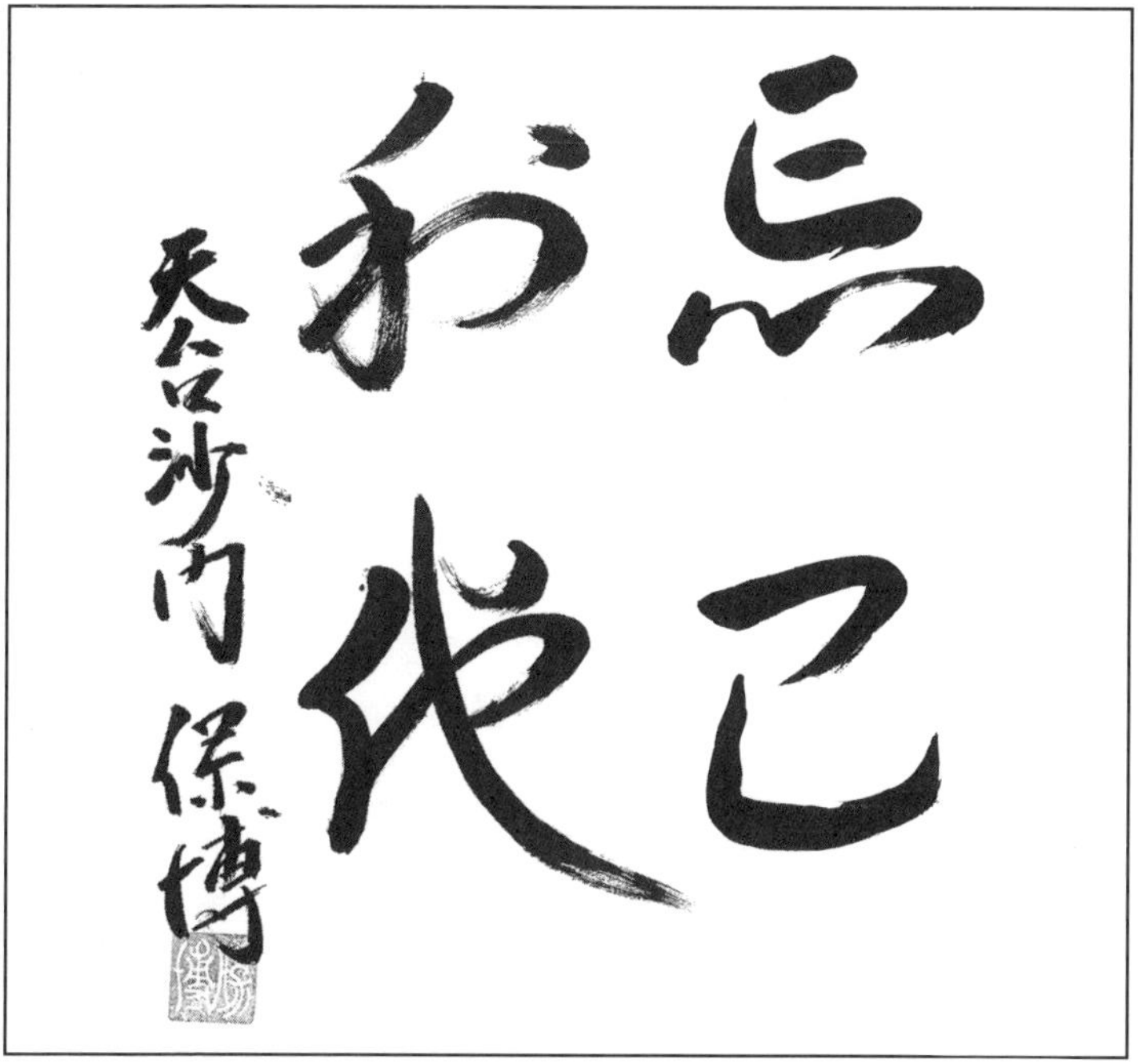

忘己利他

松尾寺住職　高岡保博

伝教大師のお言葉に「忘己利他」があります。

悪事は己に、好事は他に与え、己を忘れて他を利するは、慈悲の極みなり、とあります。

我々は、ともすれば、物質中心、自然の恩恵を無視した、自己本位な生活になりがちであります。

一切衆生、悉有《しつう》仏性《ぶっしょう》、すべての生きとし生けるものに対して、感謝と尊敬の心を持って生活するよう心掛けましょう。

付近の見どころ

水間寺

厄除けの観音として有名で、壮大な本堂をはじめとして、三重塔、開山堂、愛染堂などが点在します。浄瑠璃や歌舞伎の題材となった「お夏清十郎」の墓もあります。

孝恩寺

鎌倉時代に建立された観音堂は、釘無堂と呼ばれて国宝に指定されています。平安時代の仏像を多数伝えており、いずれも国の重要文化財。宝物殿で拝観することができます。

池上曽根史跡公園

吉野ヶ里遺跡に匹敵する規模として注目された、弥生時代から歴史時代にいたる複合遺跡です。府立弥生文化博物館が隣接しており、多数の出土品が保存、展示されています。

約二千年前の大集落を再現

大阪府立弥生文化博物館

弥生文化に関する資料や情報を収集、保存、研究し、それらを通して弥生文化にひろく親しみ、学習できることを目的とした博物館です。館内には、実物はもちろん全国の著名な弥生時代の資料やレプリカ、邪馬台国の女王ヒミコの館を復元した模型などを展示しています。

大阪府立弥生文化博物館

〈徒歩〉 泉北高速鉄道・和泉中央駅から松尾寺行き南海バス、終点下車。徒歩５分。
〈自動車〉 阪和自動車道・岸和田和泉ＩＣから東へ。突き当たりを左折し、松尾口交差点を右折する。大型バスは松尾寺バス停を過ぎたあたりまで。

犬鳴山《いぬなきさん》 七寶瀧寺《しっぽうりゅうじ》

通称　犬鳴山不動尊

宗派　真言宗犬鳴派
本尊　不動明王

〒598-0023大阪府泉佐野市大木8番地　☎0724（59）7101

七つの滝と修験道資料館

七寶瀧寺の門前は、犬鳴温泉郷です。ひなびた宿から設備の整った旅館まで、温泉宿が点在。日帰り入浴を受け付けているところもあり、巡礼の疲れを癒すことができます。

赤い瑞龍門を入ると険しい道が続き、奇岩がごろごろしている渓流沿いを登って行きます。山中には大小四十八の滝があるといわれます。両界の滝や塔の滝など代表的な七つの滝から、淳和天皇が七寶瀧寺と名づけられました。本堂の奥にある行者の滝が最も大きく、鎖につかまりながらの滝行もできます。

車は、本堂の近くまで入ることが可能です。しかし、できる限り門前で下車して、大自然のなかの素晴らしい参道を、存分に味わっていただきたいものです。

参道の中間に、宿坊白雲閣と修験道資料館（要事前連絡）があります。館内には箱笈《はこおい》や入峯斧《にゅうぶおの》など、貴重な資料が展示されています。特に不動明王八大童子像や天狗行者倚像は、あまり他に例がありません。天井に描かれた修験道曼荼羅も必見です。

本堂の本尊は、役行者作の倶利伽羅《くりから》不動と、弘法大師作の身代わり不動の二体。運もらい不動とも呼ばれて、篤く信仰されています。

犬鳴の悲しい伝説

犬鳴山は、斉明天皇の七年（六六一）、役行者が二十八歳のときに創建したと伝えられ、大峯山より六年早かったところから、元《もと》山上《さんじょう》とも呼ばれています。葛城二十八宿を役行者が定めた際、当山には第八品《ほん》受記品を納経しました。本堂からさらに分け登った燈明ケ岳の頂上が、納経の場所とされています。

犬鳴山では、より多くの人に行者の修行を体験してもらおうと、山内に二十八宿経塚を築きました。体験コースには、半日コース、一日コース、一泊二日コースがあります。毎

行者の滝

月第三日曜日に、修験者の先達で行場を巡ることができます。

さて、犬鳴山という全国にも珍しい山号ですが、これには次のような伝説があります。

平安時代の寛平二年（八九〇）のこと、紀伊国の猟師が、当山の蛇腹の行場あたりで、一頭の鹿を見つけました。ところが、近くの大樹に潜む大蛇が、猟師を呑み込もうとします。主人の危険を知った愛犬が大蛇に向かって吠えたため、鹿は逃げてしまいました。

猟師は怒りのあまり腰の山刀を抜くと、愛犬の首に切りつけました。愛犬は切られながらも跳び上がり、大蛇に噛み付いて猟師を助けたのです。ようやく大蛇に気づいた猟師は、愛犬の遺骸を葬り、菩提を弔いました。この話を耳にした宇多《うだ》天皇から、犬鳴山の勅号が下賜されたといわれます。

不動明王八大童子像

主な行事　三月第二日曜日元山上ケ岳供養　四月二十九日山伏祭　八月第四日曜日お滝祭　十月二十七日燈明ケ岳峰供養

拝観料　無料

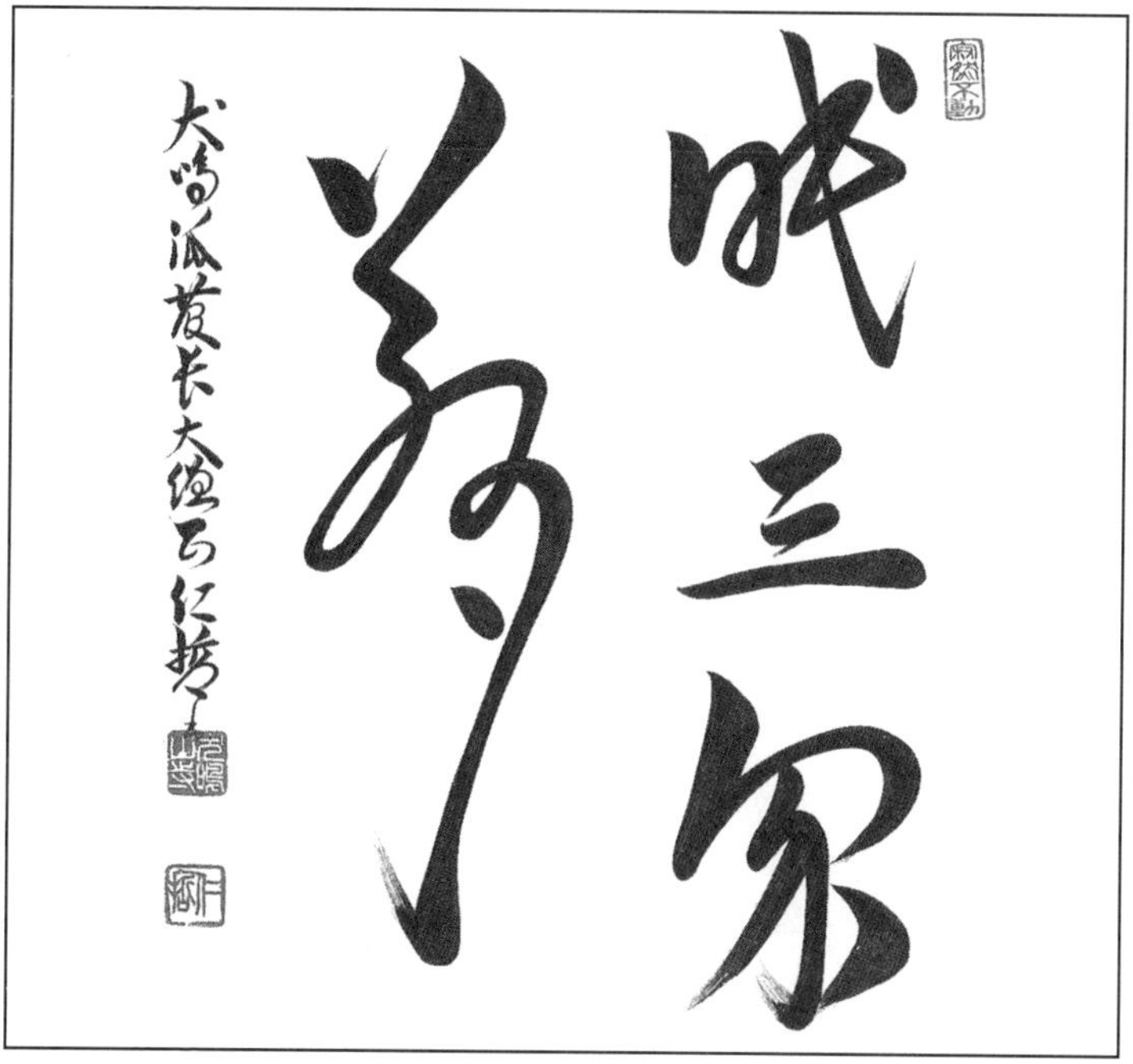

眠三界夢

犬鳴山七寶瀧寺貫主　東條仁哲

「三界の夢に眠る」と読みます。

多くの人々は、仏の世界を知ろうともせず、欲界・色界・無色界の三界に生きて死んで流転し、この流転から醒めきらず、その悪夢に耽っています。これが、我々凡夫の姿であります。

どうか皆様方は、仏法僧の三宝に帰依され、仏の加護を授かり、幸せな人生をお過ごしください。

付近の見どころ

犬鳴山温泉

隠れ家的な雰囲気が漂う秘境の温泉。泉質は、純重曹泉で、美肌作用、皮膚病、リウマチ、神経痛、胃腸病などに効果があります。ほとんどの旅館に日帰りプランがあるので、ハイカーたちにも人気があります。

ろじ渓谷

大井関公園

桜の名所として知られる公園です。公園中央にある「ろじ渓谷」は、みどりの百選に選ばれており、岩がつくる景観と谷底の清流、周囲を取り巻く桜が、素晴らしい雰囲気をつくりだしています。

泉佐野ふるさと町屋館（旧新川家住宅）

独自の町人文化を開花させた佐野町場。江戸中期（十八世紀末）、二代目新川喜内が醤油業を営むために建てた町屋を保存・修理し、一般公開しています。当時の泉南地域の建築様式を今に伝える貴重な文化財です。月曜日休館。問い合わせは、☎〇七二四―六九―五六七三へ。

りんくうタウン

スポーツ、ファッション、雑貨など個性豊かな店が建ち並び、大観覧車、わんにゃんふれあいランドなどのアミューズメントがいっぱいの「りんくうパパラ」や、西日本最大級のアウトレットセンター「りんくうプレミアムアウトレット」、眺望抜群で海に沈む夕日や関空から飛び立つ飛行機の姿も美しい「りんくう公園」など、家族揃って楽しめるエリアです。

りんくうパパラ

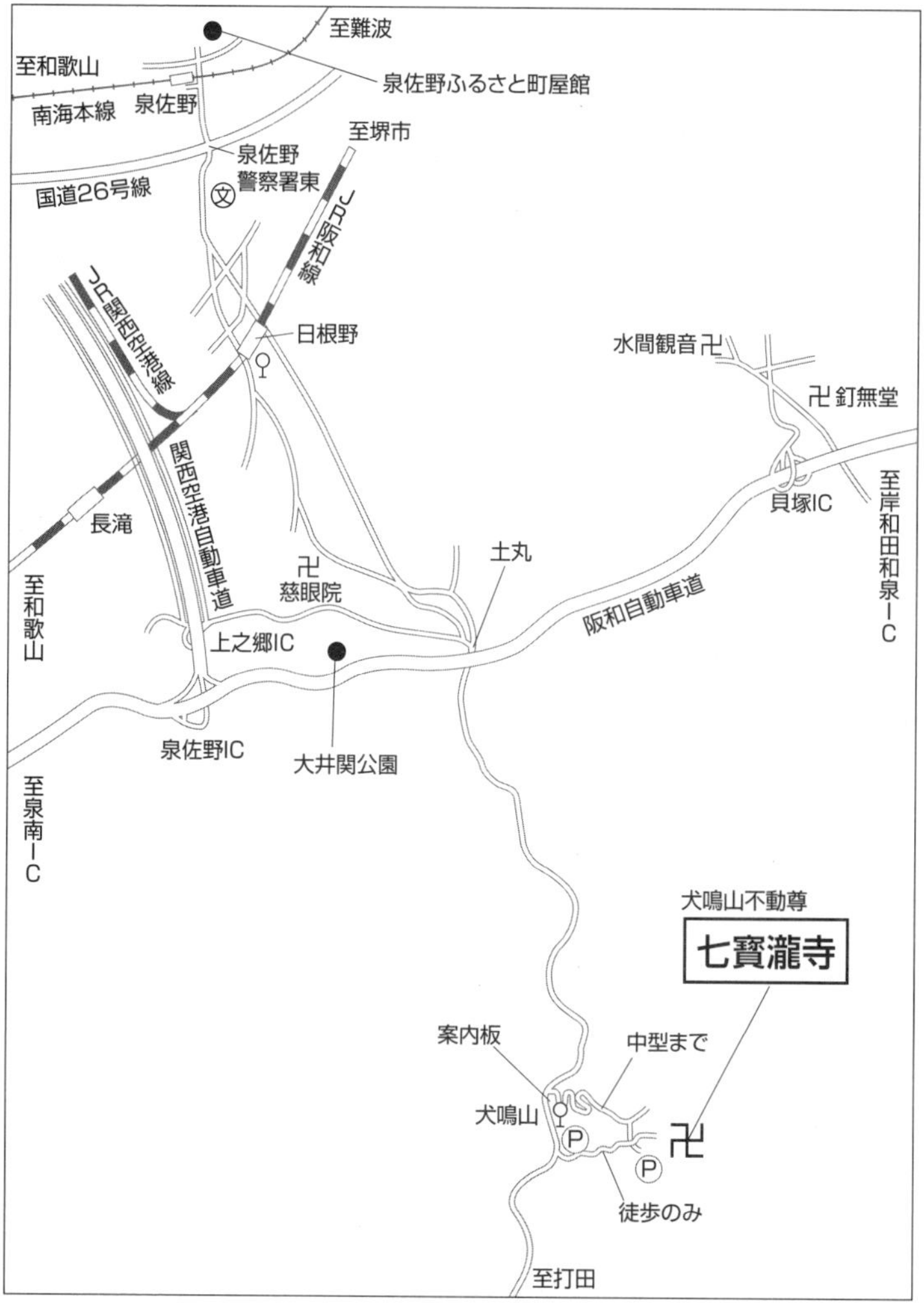

〈徒歩〉南海本線・泉佐野駅またはＪＲ阪和線・日根野駅から犬鳴山行き南海バス終点下車、徒歩25分。〈自動車〉関西空港道・上之郷ＩＣから犬鳴山方面へ、土丸交差点を右折する。中型バスまでは本堂下まで乗り入れ可能。大型バスは犬鳴山バス停から徒歩。バス停より本堂下まで南海ウイングバスの有料送迎可能。七寶瀧寺にて予約のこと ☎0724-59-7101

龍池山《りゅうちざん》 弘川寺《ひろかわでら》

〒585-0022大阪府南河内郡河南町弘川43
☎0721（93）2814

宗派　真言宗醍醐派
本尊　薬師如来

西行法師終焉《しゅうえん》の地

　平安末期の有名な歌人に、西行法師がいます。北面の武士として鳥羽上皇に仕えていましたが、世の無常を感じて出家しました。西行は、弘川寺の空寂《くうじゃく》上人の法徳を慕って、文治五年（一一八九）に来山。翌年二月十六日、七十三歳で入寂しました。

　時代は下り、江戸時代の歌人、似雲《じうん》法師は西行を思慕して、その足跡を訪ね歩きました。そして弘川寺の西行塚の近くに花の庵を結び、西行堂を建立して顕彰に尽くしたため、今西行と呼ばれました。

　弘川寺には、西行や似雲にかかわる寺宝が数多くあります。それらを後世に伝えるため、境内に西行記念館が開設されました。文覚《もんがく》上人作と伝えられる西行法師木像や、正親町《おおぎまち》天皇筆西行詠歌懐紙（重要美術品）など、貴重な資料が春と秋に公開されています。

　本堂の右手から石段を上ると、西行堂があります。桧皮葺きで簡素ですが、おもむきのあるお堂です。さらに石段を登り、広場に出ると、左右の端に塚があります。右が西行法師、左が似雲法師の墳墓です。西行の辞世の詠の歌碑も立っています。

願はくは花の下にて春死なむ
そのきさらぎの望月《もちづき》のころ

天武天皇の勅願所

修験道の霊山、葛城山の麓、静かな山里にたたずむ弘川寺。天智天皇のころ、葛城六坊の一つとして、役行者によって開かれました。天武天皇の御代に大干魃《かんばつ》が襲い、役行者に雨乞いの祈願が命じられます。その験あらたかでしたので、天皇が行幸され、勅願所になりました。護摩堂には、不動明王とともに、役行者の尊像が祀られています。

さらに、行基菩薩も当寺で修行。弘仁三年（八一二）には、嵯峨天皇の命によって弘法

本堂

大師が中興しました。護摩堂の向かいにある御影堂に弘法大師像（大阪府指定文化財）が安置されており、お堂の前には、三鈷《さんこ》の松があります。

西行堂

文治四年（一一八八）、後鳥羽天皇の病気平癒のため、空寂上人は宮中で尊勝仏頂《そんしょうぶつちょう》の法を修しました。その功により、奥の院として善成寺が建立され、寺号の勅額も賜って、隆盛を極めました。しかし、寛正四年（一四六三）の兵火により、弘川寺と善成寺は全山が焼失。その後、弘川寺のみが再建されました。

本坊には、おもむきの異なる庭園がありま す。春になるとバラ科の海棠《かいどう》が、華やかに咲き誇ります。樹齢三百五十年、日本一の老樹で大阪府指定の天然記念物です。また、裏山は西行桜山といい、千本の桜を植樹。花の季節にぜひ訪れたいお寺です。

主な行事　四月一日～五月十日・十月十日～十一月二十日西行記念館開館

拝観料　本坊庭園　有料

（地図173ページ）

知足

弘川寺住職　高志慈海

「吾唯知足」――われ、ただ足ることを知るという言葉があります。

私たちは貪りの心を起こさず、足ることを知ることが大切です。『法句経』に「知足は第一の富なり」とあり、『遺教経』にも「若し諸の苦悩を脱せんと欲せば、まさに知足を観ずべし」とあります。

足るを知る人は、身貧しくとも心豊かであり、満足を知らない人は、たとえ物に恵まれていても心が貧しいといえるでしょう。

檜尾山《ひのおざん》

観心寺《かんしんじ》

〒586-0053　大阪府河内長野市寺元475　☎0721（62）2134

ホームページ　http://www.kanshinji.com

宗派　高野山真言宗

本尊　如意輪観音菩薩

日本で唯一、七つの星塚

山門からのアプローチが素晴らしい。参道の石段は九つの層に分かれており、歩みを進めるたびに、朱塗りの金堂が徐々に近づいてきます。

室町時代に建立された金堂は、和様、禅宗様、大仏様のそれぞれを取り入れた折衷様式《せっちゅうようしき》（観心寺様式）の代表的遺構として、国宝に指定されています。内陣の板壁に描かれた両界曼荼羅図も当寺独特のものです。

大宝元年（七〇一）役行者によって開かれたと伝えられ、当初は雲心寺といいました。金堂の右手、御影堂のとなりに、行者堂があり、等身大の尊像が安置されています。

その後、大同三年（八〇八）弘法大師が来山され、金堂の前に残る礼拝石において、北斗七星を勧請、弘仁六年（八一五）には、本尊如意輪観音（秘仏・国宝）を刻んで、寺号を観心寺と改めました。現在も、金堂を守るように、七つの星塚が点在し、それぞれ、十二支を守護する星を祀っています。

観心寺は、仏教文化財の宝庫としても知ら

れており、霊宝館で常時公開しています。地蔵菩薩立像、如意輪観音坐像、聖観音立像、十一面観音立像、聖僧坐像、塔内四仏など、いずれも平安時代の作で重要文化財に指定されています。

観音菩薩立像と釈迦如来倚像の二体の金銅仏も伝わっており、本尊と同じ日に開帳されます。観音菩薩立像には、戊午年《つちのえうま》（六五八）十二月の銘があり、役行者の時代のものです。

正成の建《たて》掛塔《かけのとう》

南北朝の時代に南朝方の武将として活躍した楠木正成は、幼少のころ当寺の中院を学問所としていました。観心寺にも多くの山伏が住んでいたようで、正成は合戦の情報を葛城山の修験者から得ていたといわれます。

金堂（右）と建掛塔

また、後村上天皇の行在所《あんざいしょ》となり、約十か月のあいだ日本の政治が行われていました。鎮守の訶梨帝母《かりていも》天堂（重文）は、後村上天皇によって再興されたもので、境内の最奥には天皇の桧尾陵もあります。

金銅観音菩薩像

楠木正成は、境内に三重塔の建立を発願しましたが、建設半ばで湊川に出陣、奮戦むなしく討ち死にします。敵方の足利尊氏の命令により、その首は家族のもとに送り届けられ、当寺に葬られました。弘法大師の弟子で、観心寺の伽藍を建立した道興大師実恵《じちえ》の廟所のとなりに、楠木正成の首塚があります。

三重塔はその後完成することなく、初層のみが残されました。萱葺きのお堂になっていますが、組物もしっかりしており、塔として建立されたことがわかります。世に、正成の建掛塔と呼ばれています。

主な行事　二月三日節分星祭　四月十七日・十八日本尊御開扉　五月（二十〜二十六の日曜日）楠公祭

拝観料　有料

（地図173ページ）

千里即目

観心寺住職　永島龍弘

弘法大師の『性霊集《しょうりょうしゅう》』に出てくる言葉。千里を一望におさめる意で、自分の向かう方角に迷わず進むことをいう。密教の教えに「三密具足」がある。自分の身と口と心の働きが、仏様のそれと一緒になるよう精進することをいう。心で思ったことを口から出す。口から出した限りは、それを行動によって表す。考えてみれば、己に厳しく生きる者に与えられる言葉である。

先を見通し、自分の信頼する者に命を預け、真っ直ぐに生きた人が、当寺に墓所のある楠木正成である。「千里即目」を表す代表的な人物といえよう。

金剛山《こんごうさん》　転法輪寺《てんぽうりんじ》

〒639-2336 奈良県御所市高天476（金剛山頂）
（郵便物送り先）〒585-0051 大阪府南河内郡河南局区内千早局止 ☎0721（74）0873

宗派　真言宗醍醐派
本尊　法起菩薩

金剛登山の魅力

標高一一一二メートル。金剛山は、大阪府の最高峰です。ロープウエイを利用すれば、山頂までは歩いて三十分程度で着きますが、多くは登山口から徒歩で登ります。いくつかある登山ルートのなかで、大阪側の千早《ちはや》からの登山者が最も多く、一時間半で山頂に着きます。

金剛山では登山券を発行しており、登るたびに日付と印を捺してくれます。なかには、千回、二千回と登っている登山者もいて、名前が山上に掲げられています。

夏は涼しく、大阪市内とは十度以上の温度差があります。しかし、金剛登山の魅力は、何といっても冬です。雪が積もるなかを登っていくと、樹氷を見ることができます。木々の枝に氷が付着して、まるで白い花が咲いたような、美しい世界に浸ることができます。

国定公園に指定されている金剛山は、みどころにも事欠きません。山上の転法輪寺と葛木神社を中心として、文殊岩屋、夫婦杉、仁王杉などがあります。南北朝時代の南朝の武将、楠木正成ゆかりの地としても有名です。山腹には拠点となった千早城址があり、山上の国見城址からは、大阪湾を隔てて、はるか淡路島まで望むことができます。

葛城二十八宿の一つ

金剛山は、古くは葛城山または高天山と呼ばれていました。雄略天皇と一言主神《ひとことぬしのかみ》が狩で争ったという『日本書紀』の逸話は、この山が舞台です。

天智天皇の四年（六六五）、役行者は十六歳のとき、当山で修行中に、法起《ほうき》菩薩を感得。その姿を本尊に刻んで転法輪寺を創建し、鎮守として一言主神を祀りました。その後いつしか、お寺の山号である金剛山が、葛城山脈の最高峰を指すようになりました。

本殿

江戸時代まで、葛城修験道の中心として隆盛しますが、明治の神仏分離によって、廃寺となりました。昭和十年（一九三五）、まず葛木神社が復興されます。本殿は、関西では珍しい大社造です。

昭和三十七年（一九六二）、ようやく、転法輪寺の本殿が再建されました。不動明王が立つ護摩場から石段を上ったところに、鎌倉様式のどっしりとした本殿が建っています。また、行者堂に祀られている役行者は、他の行者像と異なり、若々しい立像です。毎年七月七日に、開帳されます。

如来神力品を納めた経塚

葛木神社の一の鳥居と展望台のあいだを少し登ると、一等三角点があります。ここに葛城二十八宿のうち第二十一番、如来神力品を納めた経塚があります。役行者霊蹟の札所では、犬鳴山七寶瀧寺にも経塚がありますが、険しくて容易に行くことはできません。金剛山の経塚は、巡礼中唯一拝することができるということなので、ぜひとも参拝したいものです。

主な行事　七月七日れんげ祭

拝観料　無料

（地図173ページ）

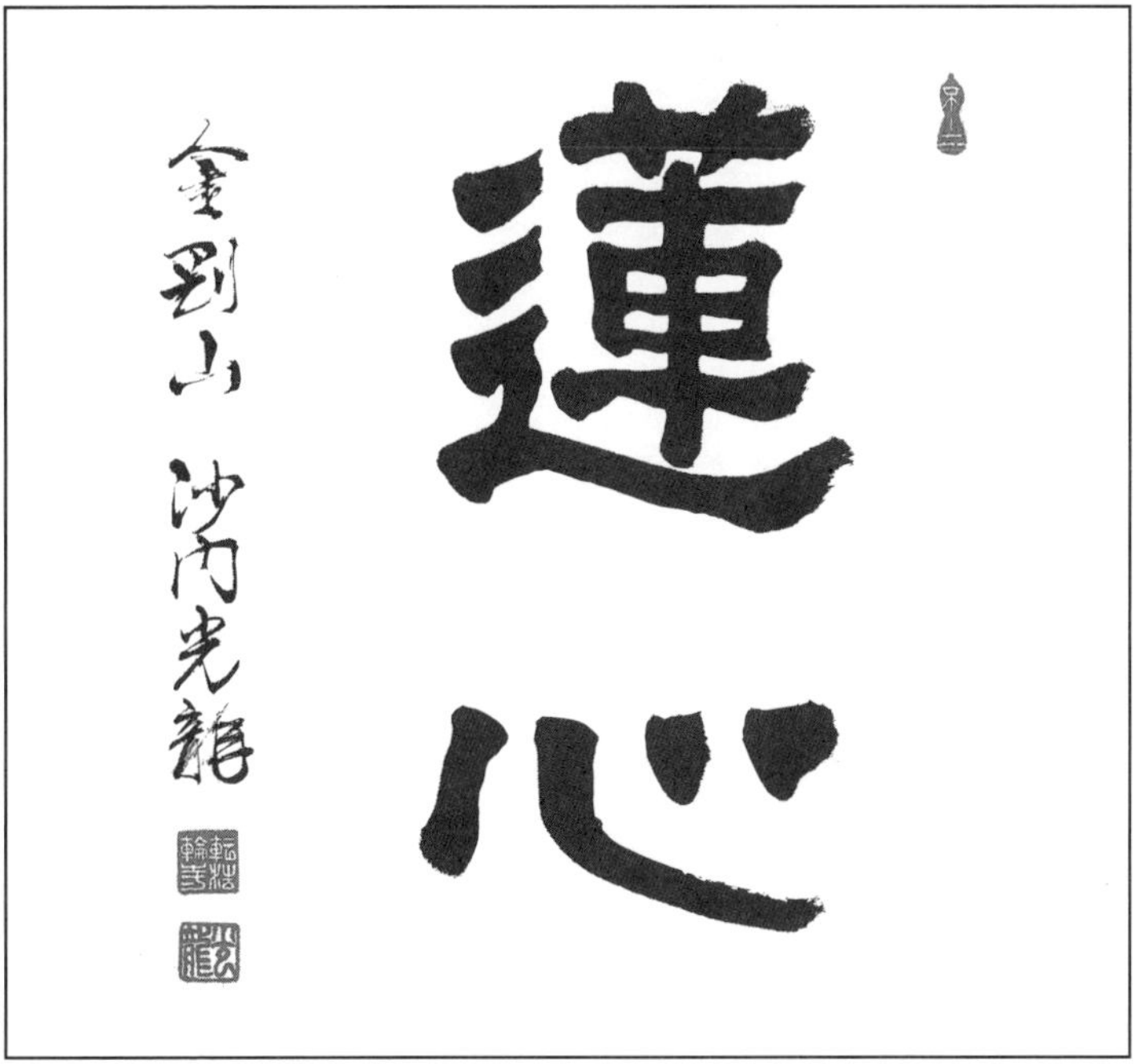

蓮心

転法輪寺住職　葛城光龍

「泥沼に咲き誇る蓮の花のように、人も、いかなる場面、いかなる世の中にあっても、心の中に蓮の花を咲かせて、美しい笑顔を周りの人に布施してあげてください。必ずや、心なき出来事や悲しい出来事がなくなっていくきっかけを創ることでしょう」

当山では、毎年七月七日、役行者のご命日に蓮の花をお供えし、柴燈護摩を厳修。その残り火で火渡り修行をしています。これを「れんげ祭」といいます。第六十代住職葛城雲龍大和尚は、「蓮心」という言葉がお好きで、蓮華に因んでよくお説きになられました。

付近の見どころ

ワールド牧場

草原で馬やヤギと遊んだり、牛の乳しぼりなどが体験できます。テニスやパットゴルフなど、親子連れで楽しめます。ログハウス、コテージなど宿泊施設もあります。問い合わせは、☎〇七二一—九三—六六五五へ。

近つ飛鳥風土記の丘・府立近つ飛鳥博物館

緩やかな丘陵地一帯に百二基もの古墳があり、誰でも自由に散策したり、いくつかの石室内を見学することができます。花見にも最適です。「近つ飛鳥博物館」は、古墳・飛鳥時代の人々の生活を実物資料や映像で楽しく学ぶことができます。

大阪府立花の文化園

世界の珍しい草花を鑑賞できる植物園。装飾花壇、花のつぼみをかたどった大温室、押し花などが楽しめる花の工房（要予約）、などがあります。問い合わせは、☎〇七二一—六三—八七三九へ。

関西サイクルスポーツセンター

スリル満点のサイクルコースター、空中遊泳気分のサイクルパラシュート、八十種類のユニークな自転車などを楽しむことができます。問い合わせは、☎〇七二一—五四—三一〇〇へ。

弘川寺
〈徒歩〉近鉄長野線・富田林駅から河内行き金剛バス、終点下車、徒歩５分。〈自動車〉国道309号線が国道170号線（外環状線）と立体交差する新家交差点を東（御所方面）へ。板持トンネルを越えて、佐備神山交差点ワールド牧場の標識を左折。突き当たりの菊水苑前を右折する。大型バスは河内バス停手前まで。

転法輪寺
〈徒歩〉近鉄長野線・富田林駅から千早ロープウエイ行き金剛バス、または近鉄長野線・河内長野駅から金剛山ロープウエイ行き南海バス終点下車、徒歩10分でロープウエイに乗り、下車後30分歩く。〈自動車〉国道309号線、森屋交差点を金剛山方面に右折。登山口、ロープウエイ前ともに有料駐車場あり。大型バス可。

観心寺
〈徒歩〉近鉄長野線および南海高野線・河内長野駅から小吹台または金剛山ロープウエイ行き南海バス、観心寺下車、徒歩３分。〈自動車〉河内長野駅方面から国道371号線を４キロ。大型バスは河内長野駅付近通行不可のため、国道309号線板持南交差点を右折、観心寺への標識にしたがい、手前の有料駐車場へ。

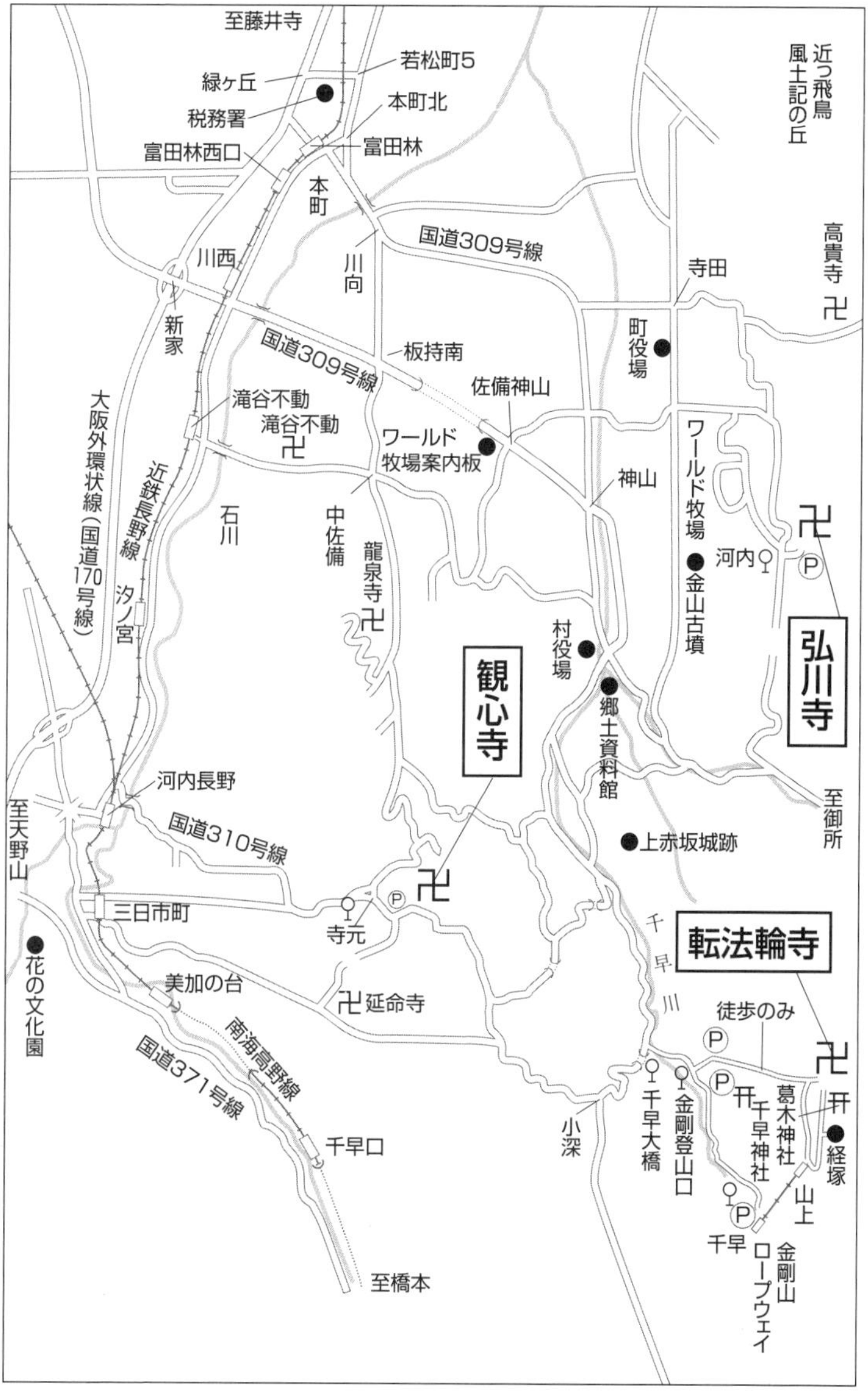
至藤井寺
若松町5
緑ヶ丘
税務署
本町北
富田林西口
富田林
本町
国道309号線
川西
川向
新家
国道309号線
板持南
佐備神山
寺田
町役場
近つ飛鳥風土記の丘
高貴寺
大阪外環状線(国道170号線)
近鉄長野線
滝谷不動
滝谷不動
ワールド牧場案内板
神山
ワールド牧場
石川
中佐備
龍泉寺
汐ノ宮
河内
金山古墳
村役場
郷土資料館
観心寺
弘川寺
河内長野
国道310号線
上赤坂城跡
至御所
至天野山
三日市町
寺元
千早川
転法輪寺
花の文化園
美加の台
延命寺
徒歩のみ
南海高野線
国道371号線
葛木神社
千早神社
経塚
千早口
小深
千早大橋
金剛登山口
山上
千早
金剛山ロープウェイ
至橋本

恵日山《えにちざん》 千手寺《せんじゅうじ》

〒579-8011 大阪府東大阪市東石切町3・3・16 ☎0729（81）2241

通称　ひかりどう（光堂）

宗派　真言宗
本尊　千手観音

在原業平《ありわらのなりひら》の手により復興

役行者が笠置山《かさぎやま》の千手窟で修行されていたとき、不思議な光に導かれて生駒山麓の当地に至りました。すると、神々を並び従えた千手観音が現れましたので、そのお姿を刻んで一宇を建立。その縁起からお寺を光堂と称し、里の名前を神並《こうなみ》村と呼ぶようになりました。

さらに、弘法大師が当地に巡錫すると、善女龍王が現れて、補陀落山《ふだらくさん》の香木を授けられました。歓喜した大師は、千手観音を彫刻し、役行者作の尊像を胎内に納められました。

その後、伝承では、維喬親王《これたかしんのう》の乱によって堂宇は焼失しますが、尊像はみずから深野池《ふこうのいけ》に飛び去りました。その夜のこと、当地に逃げていた在原業平は、深野池に光明が輝くのを知り、池から尊像をすくいあげました。世のなかが鎮まるのを待って、業平は当寺を復興。上之坊、中之坊、下之坊、南之坊、北之坊の五院を建立しました。業平が没した後、その廟を本堂の右側に築いたとされます。境内には、業平の塔とされる南北朝時代の五輪塔があり、門のかたわらには業平腰掛け石も伝わっています。

文化遺産を秘めた霊場

千手寺は、デンボ（腫れ物）の神様として信仰されている石切神社への参道にあります。現在の場所は、在原業平が建立した五院のうち、上之坊があったところとされます。

山門を入った正面の本堂は、鎌倉時代の様式を取り入れた密教寺院建築として、昭和五十九年（一九八四）に再建されました。本尊の千手観音は、百九十センチに達する大きな尊像で、正平十二年（一三五七）、南都興福寺の大仏師康成《こうせい》が造立しました。不動明王は、生駒山寶山寺の湛海律師《たんかいりっし》が元禄十五年（一七〇二）に刻んだものです。いずれも、大阪府

奥より護摩堂、本堂

の文化財に指定されています。
安永二年（一七七三）再建の護摩堂は、かつては開山堂と呼ばれていました。もともとは在原業平の廟所であろうと思われます。護摩堂のなかには、不動明王を中心に、役行者、愛染明王などが安置されています。特に不動明王は、平安時代末期の作。火焔光背《かえんこうはい》の大部分も当初のまま保存されています。

本尊千手観音

千手寺の周辺は、神並古墳群と呼ばれて、三十基ほどの古墳が点在していました。しかし、宅地造営などによって、そのほとんどが消滅。本堂の裏にある弁天塚が、唯一の遺構です。六世紀後半に築かれた横穴式円墳で、多くの遺物が出土しました。その他にも、絹本着色不動明王像や密教法具（東大阪市文化財）など、多くの寺宝が伝わっています。
千手寺は、さまざまな文化遺産を秘めた霊場です。本堂と護摩堂の尊像は、前もってお願いしておけば参拝することができます。ぜひとも、諸尊像との得難いご縁を結んでいただきたいものです。

拝観料　無料

（地図187ページ）

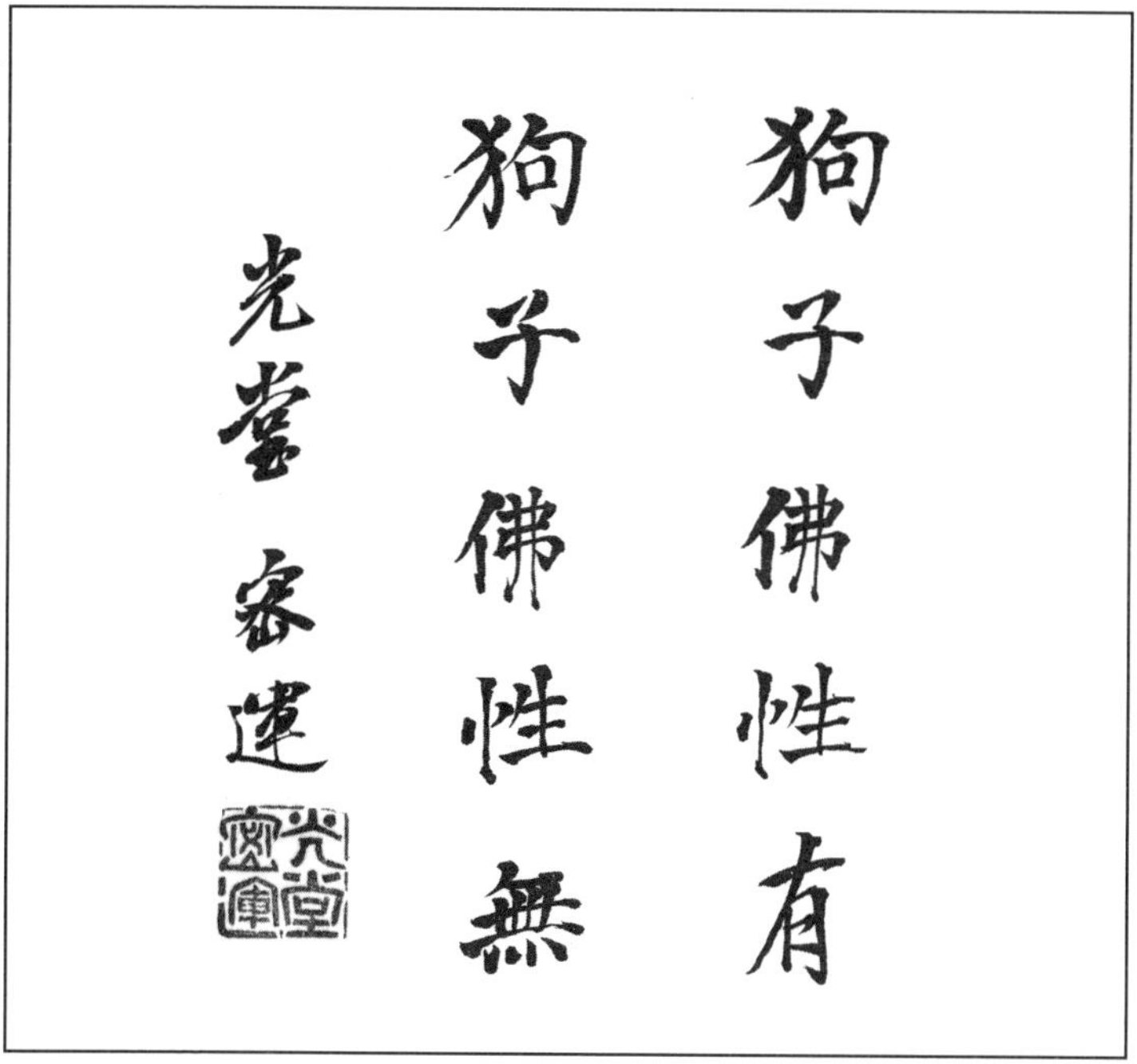

狗子佛性有《くしぶっしょうあり》
狗子佛性無《くしぶっしょうなし》

千手寺住職　木下密運

無門慧開禅師（一一八三〜一二六〇）の『無門関』の冒頭に出てくる禅の公案の言葉。「犬に仏の悟りに至る心が有るか無いか」――生きとし生けるものすべてに仏の性があるという仏教の大前提にせまる公案。

答える者の立場によって、あるともいえるし、ないともいえる。むしろ、あるとかないとか、文字通りの解釈にこだわっていたのでは、禅の真髄はつかみえない。有無の差別を超えたところに悟りの妙旨があるという。

長尾山《ながおさん》 天龍院《てんりゅういん》

〒579-8022 大阪府東大阪市山手町2054 ☎0729(81)5500

通称 長尾の滝

宗派 金峯山修験本宗
本尊 八大龍王尊

修験の聖地――名勝・長尾の滝

静寂のなか、滝の水音だけが山中に響いています。役行者が修行の場として開いたと伝えられる長尾の滝です。弘法大師もここで、八大龍王を感得されたと伝えられています。

江戸時代の宝暦八年（一七五八）には慈雲尊者が雙龍庵《そうりゅうあん》を結び、十四年間も隠棲していました。滝の上には、慈雲尊者座禅石や庵の跡があります。雙龍庵は長栄寺（東大阪市永和）に移築され、現存しています。

行場としては古い歴史がありますが、お寺が建立されたのは明治以降のことです。大阪の商人、谷坂光栄は不治の病を患い、長尾の滝に籠もって祈願したところ、病気が平癒。八大龍王を本尊として、天龍院を創建しました。昭和四十年代に金峯山寺大阪別院となり、毎年五月の大祭には大勢の山伏が出仕して、盛大に採燈《さいとう》大護摩供が厳修されます。

本堂は二室に分かれており、右室に本尊八大龍王が祀られています。毎月八日に護摩供を修するため、堂内は真っ黒です。左室には、中央に蔵王権現、左右に不動明王と役行者が安置されています。

長尾の滝は二段になっていて、本堂のすぐ右横が雄滝です。岩に当たりながら水量豊かに落下しており、夏の午後になると、滝のなかに虹を見ることができます。雄滝の水は、境内の下を潜って、雌滝となります。こちらの方が落差は大きく、一本の糸のように落ちています。長尾の滝は東大阪市の名勝に指定され、休日になると、滝行を修する行者やハイカーたちでにぎわいます。

格好のハイキングコース

天龍院は山中にあり、役行者霊蹟札所のなかでも、難所の一つといえます。直接参拝するには、額田《ぬかた》駅から徒歩四十分。楠木正行首塚、重願寺を経て、巨岩を祀る大石神社あた

本堂より長尾の滝（雄滝）を望む

りから道は険しくなってきます。天龍院里坊までは乗用車も入りますが、その先は徒歩のみの行程。渓流沿いの道には、韓国系の祈祷寺が点在しており、独特の雰囲気が漂います。

長尾の滝（雌滝）

その一番奥にあるのが天龍院です。

札所巡りなら、興法寺とあわせて参拝するのがよいでしょう。興法寺から天龍院までは、尾根づたいに約一時間。格好のハイキングコースです。途中に府民の森「ぬかた園地」があり、一万五千株のアジサイをはじめ、野生ユリやランが咲き乱れています。

わずらわしい日常生活を忘れて、心ゆくまで長尾の滝と向き合い、無心になることができる。天龍院は、そのようなすばらしい聖地です。

主な行事　毎月八日護摩供法要　五月第二日曜日八大龍王尊大祭採燈大護摩供　八月第三日曜日流水灌頂回向法要　九月八日大黒天尊大祭　十月八日錦成龍王尊大祭　十一月八日末光稲荷大明神大祭

拝観料　無料

（地図187ページ）

行

天龍院輪番　信太覚教

山伏のことを修行者とか行者といいますが、文字通り行いを修める者でございます。現代の人はなんでもご存じですが、知っているだけでは哲学であり、行じてこそ信仰になろうかと思います。

修験道の信仰は、お釈迦様の感得された大自然の法則＝リズムと、自らの行動＝体験（実修実験）によって、小宇宙とも呼ばれる私たちのこの身体を通じて一体となる道です。

皆様も、大自然の霊氣を身心一杯に受け止められますようご祈念申し上げます。

鷲尾山《わしおざん》 興法寺《こうほうじ》

〒579-8012 大阪府東大阪市上石切町2・1533 ☎0729（81）2004

宗派 真言宗醍醐派
本尊 三面十一面千手観音

石仏の道——辻子谷《ずしだに》

石切から興法寺に登る道は辻子谷と呼ばれ、生駒山を経て奈良に抜ける街道として、多くの人々が利用してきました。かつては漢方薬工場の大きな水車があり、独特の匂いが漂っていましたが、今では宅地化が進んでいます。それでも、四国八十八ヶ所の石仏が興法寺までの間に点在し、往時を偲ぶことができます。

第一番石仏の近くの小堂には、爪切地蔵が祀られています。弘法大師の作といわれ、大きな石に地蔵尊や十王などを線刻した、たいへん珍しい石仏です。

石切上之宮などを経て、車は第二十番石仏のある砂倉橋まで。さらに急坂を登り、石仏の道は興法寺に行く前に、三昧尾《さんまお》十三重塔に向かいます。永仁七年（一二九九）に造立されたもので、良辨大僧正墓所とされていますが、東大寺の良辨とは別人のようです。

元の参道に戻ってさらに登ると、役行者が修行された氷室滝《ひむろのたき》、そしてようやく興法寺にたどり着きます。

日本最初の歓喜天

河内国神並《こうなみ》の里にいた役行者は、生駒山の東方に瑞雲がたなびくのを感得されました。さっそく登って氷室滝まで来ると、氷室権現が現れ、歓喜天の尊像を授かりました。

続いて、元正天皇の勅により、行基菩薩が千手観音を彫刻。これが、現在の本尊とされています。さらに、弘仁六年（八一五）、弘法大師が参籠していると、九頭龍《くずりゅう》権現が現れ、役行者が護持していた歓喜天《かんぎてん》を授かりました。感激した大師は、鎮護国家の道場として、諸堂を建立したと伝えられています。

しかし、楠木正行《まさつら》と高師直《こうのもろなお》が戦った、正平三年（一三四八）の四條畷《しじょうなわて》合戦などによって焼失。永禄六年（一五六三）大西丹後守浄味が再興し、参道に桜を植えました。現在は、

本堂

桜と紅葉の名所として知られています。

山門の前に建つ石の鳥居は、歓喜天のためのものです。歓喜天は、境内に入ってすぐ右の聖天堂にお祀りされています。

本堂には、行基菩薩が刻んだという千手観音が安置されています。平安時代後期の作で、大阪府指定の文化財。すばらしい尊像ですので、ぜひとも拝していただきたいものです。

聖天堂

境内左側、ガラス戸の建物は、護摩堂です。中央は不浄を払う烏須瑟磨《うすさま》明王、右側に西国三十三所観音、左側に不動明王と役行者を奉祀。特に烏須瑟磨明王は、他のお寺ではあまり拝することのできない大きなものです。
山中には、金剛界大日如来を表す梵字を刻んだ鎌倉時代末期の卒都婆《そとば》や、永禄十年（一五六七）に建立された五輪塔の板碑などが点在します。興法寺の山は、貴重な石造物の宝庫でもあるのです。

主な行事　一月一日～三日修正会　二月三日節分会　八月十六日施餓鬼会　毎月一日・十六日聖天浴油供　毎月二十九日（一月、二月は除く。十二月は十八日）烏須瑟磨護摩供

拝観料　無料

（地図187ページ）

清恬（せいてん）

興法寺住職　水守俊明

心清らかにして、静かなること。
悪口を言われても怒ることなく、
誘惑にも負けることなく、
何事も気にかけず、
平常心を保つこと。
私はいつもそのようでありたい。

付近の見どころ

石切劔箭《つるぎや》神社

「石切さん」の愛称で親しまれる石切劔箭神社は、腫れ物を治す神様として全国的にも有名な古い社です。本殿前の樹齢約四百七十年のくすのきは、東大阪市の天然記念物となっています。参道の商店街は、今も古き商店の面影があり、年中参詣の人で賑わっています。

枚岡《ひらおか》神社と枚岡梅林

延喜式の神名帳にものせられ河内の国一の宮を誇る古社です。年の初めに豊作、凶作を小豆粥を使って占う粥占神事が行われ、秋祭りには、多くの太鼓台や地車が華やかに宮入りします。また、大阪府下随一の梅の名所として知られる枚岡梅林は、二月から三月にかけて、約五百本の梅（白梅・紅梅）が咲き誇り、見る人の目を楽しませてくれます。

枚岡公園

昭和十三年開設。額田地区と枚岡地区の二つの尾根からなり、その中央部の豊浦渓谷が流下している自然を生かした公園です。約四十三・四ヘクタールの広大な面積を有し、昭和三十三年より、国定公園地域に指定されています。また、東大阪市最大の桜の名所としても有名です。

千手寺

〈徒歩〉近鉄奈良線・石切駅下車、徒歩5分。**〈自動車〉**国道170号線（外環状線）被服団地前交差点を東へ。石切神社鳥居を過ぎて、近畿大阪銀行の信号を左折。6階建のマンションの先を右折する。大型バスは石切神社の有料駐車場を利用。下車後、徒歩8分。

興法寺

〈徒歩〉近鉄奈良線・石切駅下車、徒歩40分。**〈自動車〉**千手寺から近鉄のガードを越えて砂倉橋まで中型可能。下車後、徒歩15分。大型バスは千手寺から歩くか、信貴生駒スカイライン、料金所より約1km、興法寺の標識のところに停車、徒歩10分。

天龍院

〈徒歩〉近鉄奈良線・額田駅下車、徒歩40分。**〈自動車〉**千手寺から銀行の前まで戻り、近鉄のガードを越えて、天龍院里坊の駐車場まで。徒歩20分。大型バスは額田駅裏手に停車するか、ホテルセイリュウの駐車場へ（食事・宿泊・入浴など利用のこと）、徒歩40分。

石切
千手寺
石切神社
石切大仏
6階建マンション
至寝屋川
至京橋
野崎
深野南
寺川
JR学研都市線
山上口
阪奈道路
大東市
信貴生駒スカイライン
大阪外環状線（国道170号線）
興法寺
料金所
生駒
鳥居前
近鉄東大阪線
徒歩のみ
寶山寺
石切神社
石切
新石切
阪神高速
13号東大阪線
辻子谷ハイキングコース
生駒山上
宝山寺
ぬかた園地
ホテルセイリュウ
生駒ケーブル
吉田
水走
西石切
東山町
銀行
額田
重願寺
徒歩のみ
被服団地前
天龍院
千手寺
枚岡
枚岡神社
慈光寺
暗峠
近鉄奈良線
至難波
瓢箪山
至信貴山

高野山《こうやさん》 巴陵院《はりょういん》

通称　禁裏御所坊

宗派　高野山真言宗
本尊　阿弥陀如来

〒648-0211　和歌山県伊都郡高野町高野山702　☎0736（56）2702

霊場高野山

高野山は、弘仁七年（八一六）弘法大師空海によって開かれた、日本を代表する霊場です。大門、壇上伽藍、総本山金剛峯寺、奥之院とともに、数多くの山内寺院が甍を並べ、山上宗教都市の様相を呈しています。

巴陵院にお参りする前に、まず女人堂に参拝しましょう。ここにも役行者が祀られています。女人禁制の時代は、女性はここまでしか入れませんでした。女人堂から巴陵院までは歩いて五分。巴陵院は他の山内寺院と同じく、宿坊も営んでいます。国民宿舎なので、他の山内の宿坊よりも低価格で宿泊できます。

山門は鎌倉時代の建立で、高野山では最古のもの。本堂内は薄暗く、奥の院と同じように天井に多くの燈籠が並びます。毎朝修される護摩のため真っ黒な内陣を、ろうそくの明かりのみで案内してもらいます。霊場高野山にふさわしい、神秘的な雰囲気が漂います。

本尊は、鎌倉時代の阿弥陀如来。右側の智證大師作とされる不動明王は、小さなものですが、珍しく塑像です。本尊の左側には、親鸞聖人が修行の姿をみずから描いた、時雨御影が祀られています。同じく聖人ゆかりの本願石とともに、大坂石山本願寺から伝えられたものですが、本願石のほうは秘蔵されており、拝することはできません。

高野山と修験道

大永年間（一五二一～二八）後柏原天皇の第三皇子、青蓮院宮尊鎮法親王が住まわれたので、御所坊とも呼ばれます。明治まで山内唯一の院跡寺院でした。

初めは福蔵院といいましたが、相馬、高木、伊達の各大名家の菩提寺となり、承応二年（一六五三）相馬義胤の法名に因んで、巴陵院と改称されました。

高野山最古の山門

弘法大師は、高野山を開く前、吉野や大峯で修行され、修験道とも深く結びついていました。高野山では、壇上伽藍を管理する学侶《がくりょ》、奥の院を守護する行人《ぎょうにん》、全国へ布教する聖《ひじり》に分かれていましたが、そのうち行人が修験の性格を持っていました。この行人方のなかで、有資格の寺衆が、金峯山奥の小笹に拠点を置く正大先達職を輪番で勤めており、その一つが福蔵院（巴陵院）だったのです。

宝永六年（一七〇九）には、高野山の大先達、長福院法細房が、高野山から葛城山に至る修行をしたという記録も残っています。しかし、明治の神仏分離などで、高野山から修験の要素は、徐々に薄れていきました。

後に巴陵院は、焼失した長福院を併合しました。本堂には法螺貝が置かれており、役行者像を奉安しています。六月には柴燈大護摩を厳修し、火渡りも行われます。巴陵院は、高野山で唯一、修験道の伝統を今に伝えるお寺なのです。

主な行事　二月節分星祭　六月第一日曜日柴燈大護摩

拝観料　無料

不動明王像

無

巴陵院前官　浦上隆彭

この言葉は、私流に「無一物中無尽蔵」と解釈いたします。役行者は、若年より金剛山に籠山されましたが、恐らく最初は「自己を無」とする「行」から始められ、歳を経て験力を体得されたものと思われます。

今やわが日本は、出口の見えない未曾有の経済問題にあえいでおります。ここにおいて、変幻自在万能の役行者の祖徳を今の世に求むべく、旧跡の巡礼を高唱いたします。

「のうまくさんまんだばざらだんかん」

付近の見どころ

高野山山上

弘法大師開山の霊場で、海抜八百メートルの山上には、約百二十の寺院が点在します。高野山真言宗の総本山である金剛峯寺は、壮大な主殿のほか、奥書院や真然堂、護摩堂などが甍を並べています。また、金堂、根本大塔、御影堂など、高野山の中心伽藍である壇上伽藍、弘法大師の入定の地である奥之院など、見どころもたくさんあります。

総本山金剛峯寺

根本大塔

高野龍神スカイライン

高野山を起点に水ヶ峰、白口峰を経て、県下最高峰護摩壇山から龍神温泉まで眺望絶佳の国定公園を縦走する日本一長い山岳ハイウエイ（四十二・七キロ）です。自然が織り成す錦の大樹海と雄大な自然景観が楽しめます。

九《く》度《ど》山《やま》

弘法大師が生母に孝養を尽くしたところ。慈尊院には弥勒堂に弥勒仏（国宝）を祀っています。慈尊院から高野山上までは、町石道が続くハイキングコースです。豊臣方の武将、真田幸村が蟄居《ちっきょ》した善名称院は、真田庵とも呼ばれ、資料館に多くの遺品が伝わっています。

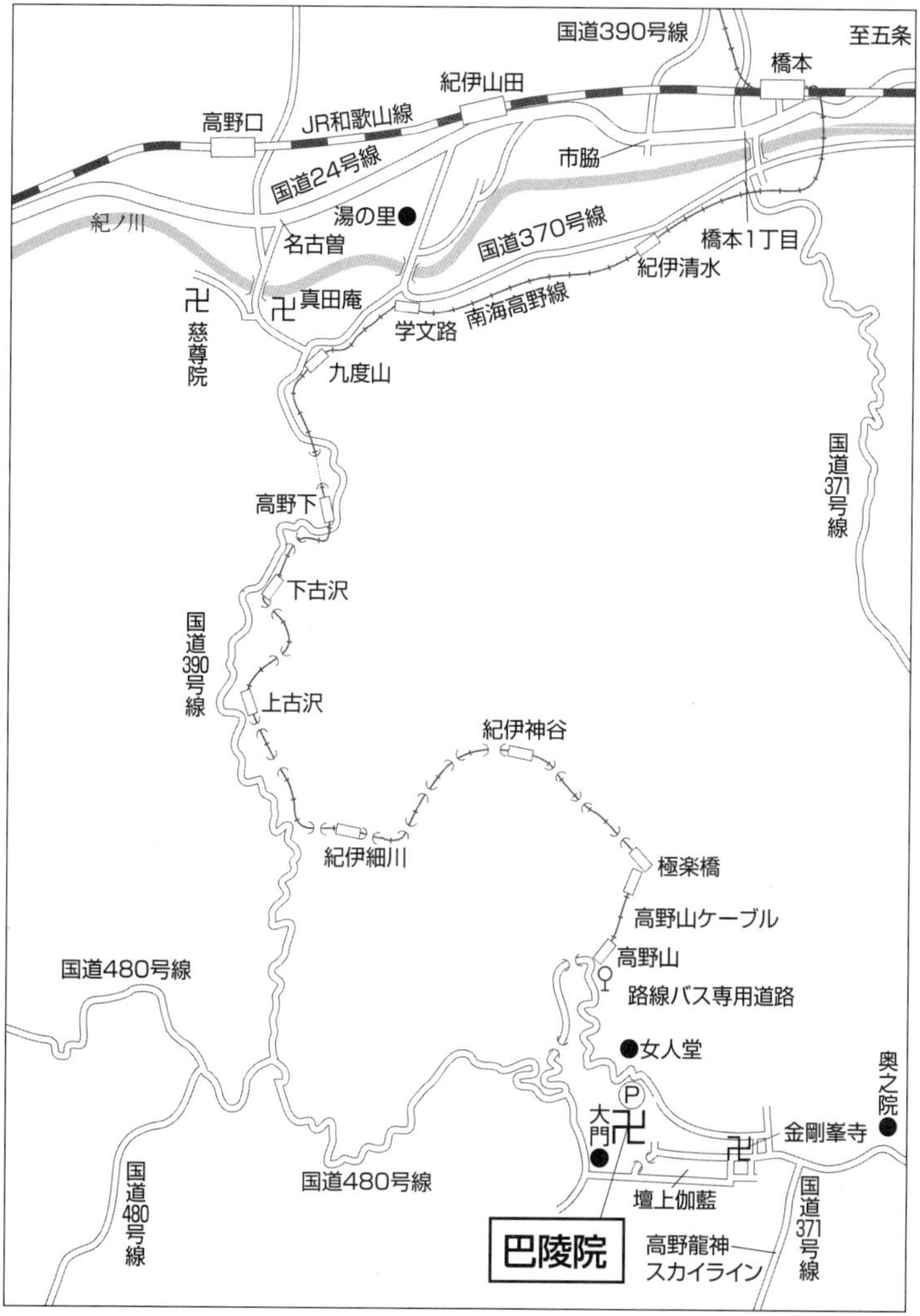

〈徒歩〉南海高野線・極楽橋からケーブルに乗り換え、さらにバスで一心口下車すぐ。
〈自動車〉国道24号線から高野山への標識にしたがう。高野山内では、大門を経て千手院橋を左折、さらに警察前を左折する。大型バスは門前に路上駐車。

伊勢山上《いせさんじょう》 飯福田寺《いぶたじ》

〒515-2412 三重県松阪市飯福田町273 ☎0598（35）0004

通称　伊勢山上

宗派　真言宗醍醐派
本尊　薬師如来

役行者が開いた行場

鶯の声が下から聞こえてきます。風が過ぎていきます。切り立つ断崖、目の下に広がる緑の谷間、遠く大峯山脈に連なる山並み。岩の上に坐って目を閉じれば、しばし俗事を忘れて自分を取り戻す心地がします。

通称「伊勢山上」の表行場の中心、岩屋本堂。巨大な岩をくりぬいたような自然岩窟のなかにお堂があり、役行者がまつられています。大宝元年（七〇一）、役行者がこの岩屋本堂の巨岩の陰に小屋を作り、百日こもって行をされました。修験道の霊場、伊勢山上の始まりといわれます。

この地方には次のような民話が語り継がれています。行場を開こうと飯福田に来られた役行者。最初は簡単に考えていましたが、あまりの険しさに「飯福田は山は低いが、決して軽んじてはならぬ」といい残して、権現岩屋にこもられ、護摩修法の行をされました。満願の日、西の空に瑞雲がたなびき、蔵王権現がお姿を現されました。役行者は、岩肌に蔵王権現のお姿を彫り付け、それを飯福田山修験道場の本尊とされたといいます。

飯福田山は標高三百九十メートル、確かに高い山ではありません。何億年も前、地殻の大変動で海底が隆起したもので、散在する巨大な露岩が、雨と風の力で奇岩、怪石、岩窟となり、絶景を作り出したのです。

表、裏あわせて三時間の行場巡り

飯福田寺は、かつては北畠家の祈願所として寺領五百石を受けて栄え、本堂、護摩堂、阿弥陀堂をはじめいくつもの伽藍が建ち並んでいました。しかし、北畠氏滅亡のとき戦火にかかって焼失。やがて、天正十一年（一五八三）織田信雄《のぶかつ》により再興されましたが、織田家断絶ののち衰退。蒲生氏郷が松阪城を築いたときには、当山の伽藍を壊して材に用い

薬師堂

たりされました。その後、津藩藤堂家の信奉を得て寺運は再び興隆し、行場も補修されました。

行場は、油こぼし、岩屋本堂、蟻の戸渡り、平等岩などがある表行場約四キロと、達磨岩、

岩屋本堂

獅子が鼻などの裏行場約二キロがあります。いずれも自然のままの岩場や岩窟で、修行には最適の地。毎週登る人も多いようです。

山内には、本尊の薬師如来を祀る薬師堂、役行者作と伝えられる不動明王を真中に役行者、弘法大師を祀る護摩堂、阿弥陀如来を祀る籠り堂があります。また、油こぼしまでの参道には、愛染明王、愛宕大権現、役行者、毘沙門天を祀る小堂が建ち並んでいます。

表、裏あわせて約三時間の行場巡りは、病みつきになりそうです。かじかが鳴き、やまめが泳ぐ飯福田川の清流に心が洗われます。

主な行事　二月三日・四日節分星供祈願祭　四月八日山開き大会式　八月三日毘沙門天王祭　十月七日山閉じ大会式　毎月六日行者まつり

拝観料　行場巡り有料

和敬（わきょう）

飯福田寺住職　世木英隆

特別好きな言葉というわけではありませんが、一日中山を眺め暮らしておりますと、いつか本で読んだこの言葉が、ふとした瞬間に頭に浮かぶのです。

滴るような緑の谷間の中に見える本堂。その前で手を合わせておられる人を、何気なく受付のガラス越しに見かけることがあります。そんなとき、おだやかで慎み深い「和敬」という言葉が思い出されてくるのです。

付近の見どころ

森林公園

木の香り漂う自然公園。ログハウス風のバンガローをはじめ、松阪牛バーベキューなど幅広く楽しめます。展望台からは松阪市内が一望にできます。

自然あふれる森林公園

うきさとむら

木綿の手織りや手染めなどを宿泊して体験できます。薬草観察会やアマゴつかみなど自然の中で休日をすごすこともできます。毎月第三日曜日は早起き市。無農薬野菜や手作りお菓子などがいっぱい。

瑞巌寺

僧行基の創建と伝えられるお寺。鏡池を背景に奇岩泉石を配し、四季折々の彩りを見せる庭園の美しさは格別です。

阿坂城跡

阿坂城は北畠氏の居城でした。南北朝時代と戦国時代の二度にわたり激しい戦闘の舞台になりました。水断ちに遭ったとき、馬に白米を掛け、水で洗うように見せたという話は有名。この城を別名白米城とも呼びます。

松阪城跡

今から四百年あまり前、蒲生氏郷によって築かれたお城。豊臣秀吉の命により松ヶ島城に移された氏郷が、より強固な城を求めて松阪城を築きました。かつては三層の天守閣や兵部屋敷がありました。春は桜や藤が咲き乱れ、秋はイチョウや紅葉が美しい公園になっています。

本居宣長記念館

松阪が生んだ国学者、本居宣長。『古事記伝』で有名な宣長の自筆稿本や自愛の品約一万六千点を展示。もののあわれこそ文学の命と説いた彼の精神と生涯に触れることができます。

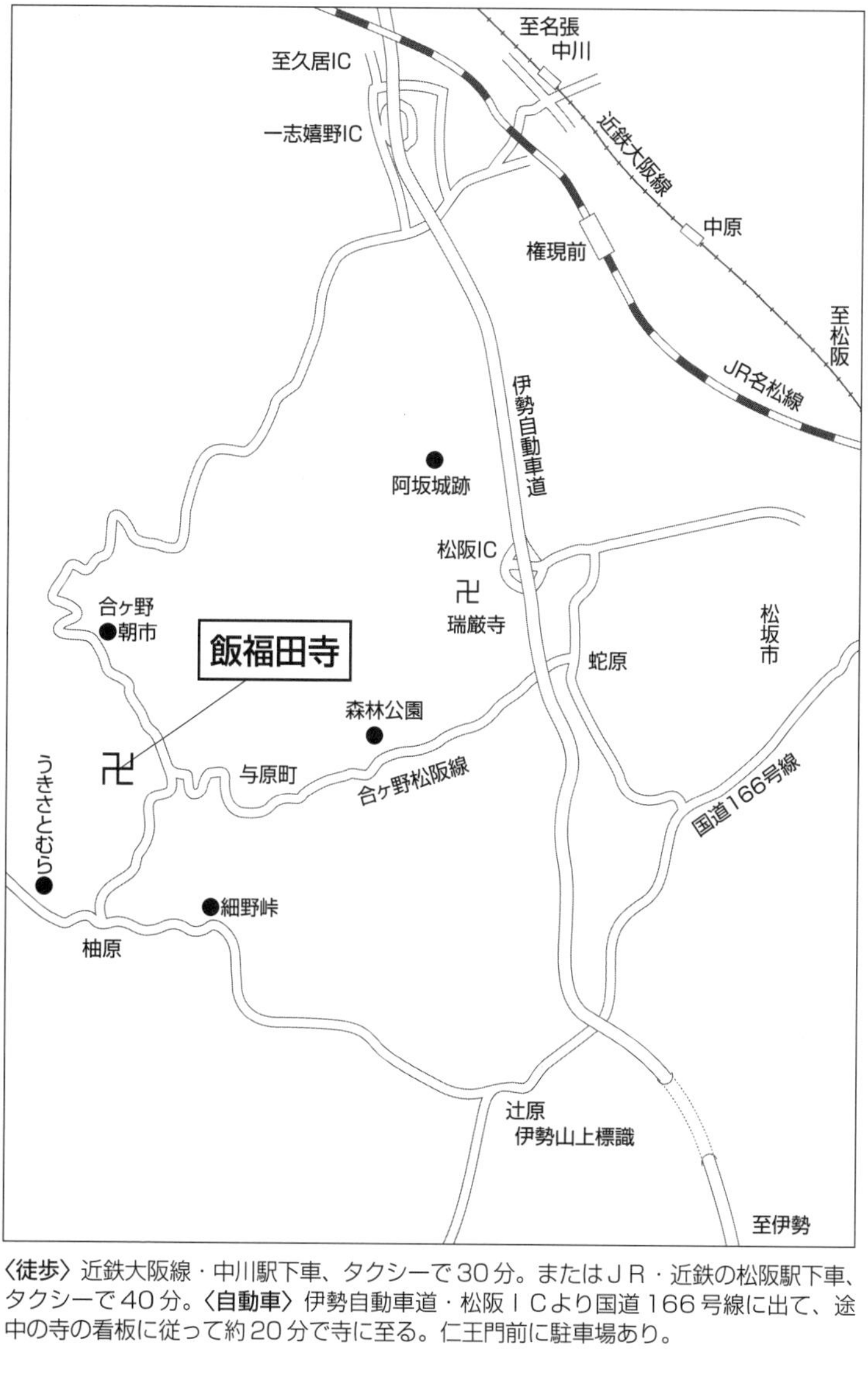

〈徒歩〉 近鉄大阪線・中川駅下車、タクシーで30分。またはＪＲ・近鉄の松阪駅下車、タクシーで40分。**〈自動車〉** 伊勢自動車道・松阪ＩＣより国道166号線に出て、途中の寺の看板に従って約20分で寺に至る。仁王門前に駐車場あり。

教王山《きょうおうざん》 世義寺《せぎでら》

〒516-0036 三重県伊勢市岡本2丁目10-80 ☎0596(28)5372

宗派 真言宗醍醐派
本尊 薬師如来

伊勢神宮との密接なかかわり

近鉄・宇治山田駅から歩いて十分、お参りに便利なお寺です。伊勢といえば伊勢神宮、神道のメッカですが、なぜこの地にこれだけのお寺があるのでしょうか?

世義寺は、かつては「せぎじ」と呼ばれていました。創立は、天平十三年(七四一)にさかのぼります。行基菩薩が、聖武天皇の勅願により、鎮護国家の祈願所として開かれました。最初は、伊勢の前山というところにあり、そこは、朝熊山《あさまやま》金剛証寺とは内宮をはさんでちょうど対称の位置にありました。伊勢神宮に密接なかかわりを持った寺院であったことが分かります。

建長年間には外宮の西へ移り、寛文十一年(一六七一)に現在地に移転しました。この地では塔頭《たっちゅう》十九か寺を有するほど栄えておりました。いまも、勢田川にかかる世義寺橋と石の山門に往時を偲ぶことができます。

しかし、明治維新後の廃仏毀釈により、護摩堂(威徳院)ひとつを残して、そのほかは廃寺を強いられました。常滑《とこなめ》市の瀬木地区にあった領地をはじめ、全国各地に散在した領地も返納のやむなきに至りました。しかし、大正四年には聖天堂や新しい参道もできて、現在の形に復興したのです。

十万人でにぎわう柴燈大護摩

修験道は、自然崇拝に根差した山岳修行によって超自然的な力を体得し、密教・陰陽道(易学)などと習合することにより、呪術的な活動を行う宗教といわれます。

霊気に満ちた伊勢は、修験の里でもあります。役行者が開いた行場「伊勢山上」、宮本武蔵が修行に励んだという「鷲嶺《しゅうれい》の岩屋」などがあり、修験の行場には事欠きません。

毎年七月七日に厳修される柴燈大護摩は、十万人もの信者でにぎわいます。護摩札に刻

護摩堂

まれた人々の願いは、大護摩の火炎とともに天に昇り、成就されます。
また、世義寺では、祈祷、易占、家相、名付けなどを、古来の修法そのままに受け継ぎ、人々の信仰を得ています。

役行者八大童子像

護摩堂には、珍しい役行者像が安置されています。厨子全体を岩窟に見たて、中心に役行者が腰掛け、足元の左右に前鬼・後鬼が坐り、岩窟の左右の壁には四体ずつ合計八体の金剛童子が並んでいます。八大金剛童子像を配する役行者像は、絵画では見かけますが、彫刻では非常に珍しいものです。
このほか、鎌倉時代の名作、愛染明王坐像、平安時代の作で伊勢神宮の神木を材としたのではないかと言われる薬師如来坐像、日本最古の大聖歓喜天（秘仏）など、心に触れる仏様が数多く、いずれも見逃せません。

主な行事　十二月三十一日～一月一日新年浴油会　二月節分星祭り会　七月七日柴燈大護摩　歓喜天浴油供、如法経会その他

拝観料　無料

生涯修行

世義寺住職　竹内秀興

人は皆、職業人に固まる過程で「修行」と言える時期を体験するが、それを単なる通過儀礼と考え、後は一顧だにしない人が世間には意外に多い。

神仏に仕える宗教人はむしろ修行も仕事のうちであるが、一般社会人も修行の精神だけでも生涯保持すれば、人間形成上意義のあることだと思う。さらに、修行の成果は、上求《じょうぐ》菩提《ぼだい》・下化《げけ》衆生《しゅじょう》につながっていくのである。

しかしこれは、巷に多い生涯学習とは異質のものである。

付近の見どころ

伊勢神宮内宮

〝お伊勢さん〟の名で親しまれる神宮。内宮は、皇室の祖・天照大御神を祀り、垂仁天皇期にご鎮座されたといわれています。宇治橋をはじめ、唯一神明造といわれる日本最古の建築様式を誇る正殿など、見どころがたくさんあります。

正しくは皇大神宮という

伊勢神宮外宮

天照大御神の召し上がる食物の守護神・豊受大御神《とようけのおおみかみ》を祀っています。緑あふれる神域には、外宮正殿をはじめ、別宮や勾玉池などがあります。勾玉池では、初夏に花菖蒲が咲き誇り、目を楽しませてくれます。

神宮美術館

第六十一回神宮式年遷宮を記念して創設された美術館で、日本の美術・伝統工芸界の巨匠たちの名品を多数展示しています。遷宮が行われる二十年ごとにその時代を代表する秀作を収蔵していきます。月曜日休館。問い合わせは、☎〇五九六―二二―五五三三へ。

宮川堤

「さくら名所百選」に選定されている宮川堤の桜は、「一目千本」といわれ、四月上旬頃、約千本のソメイヨシノが咲き乱れます。お花見のシーズン中は露店が並び、ライトアップされた夜桜も楽しめます。

宮川堤の桜

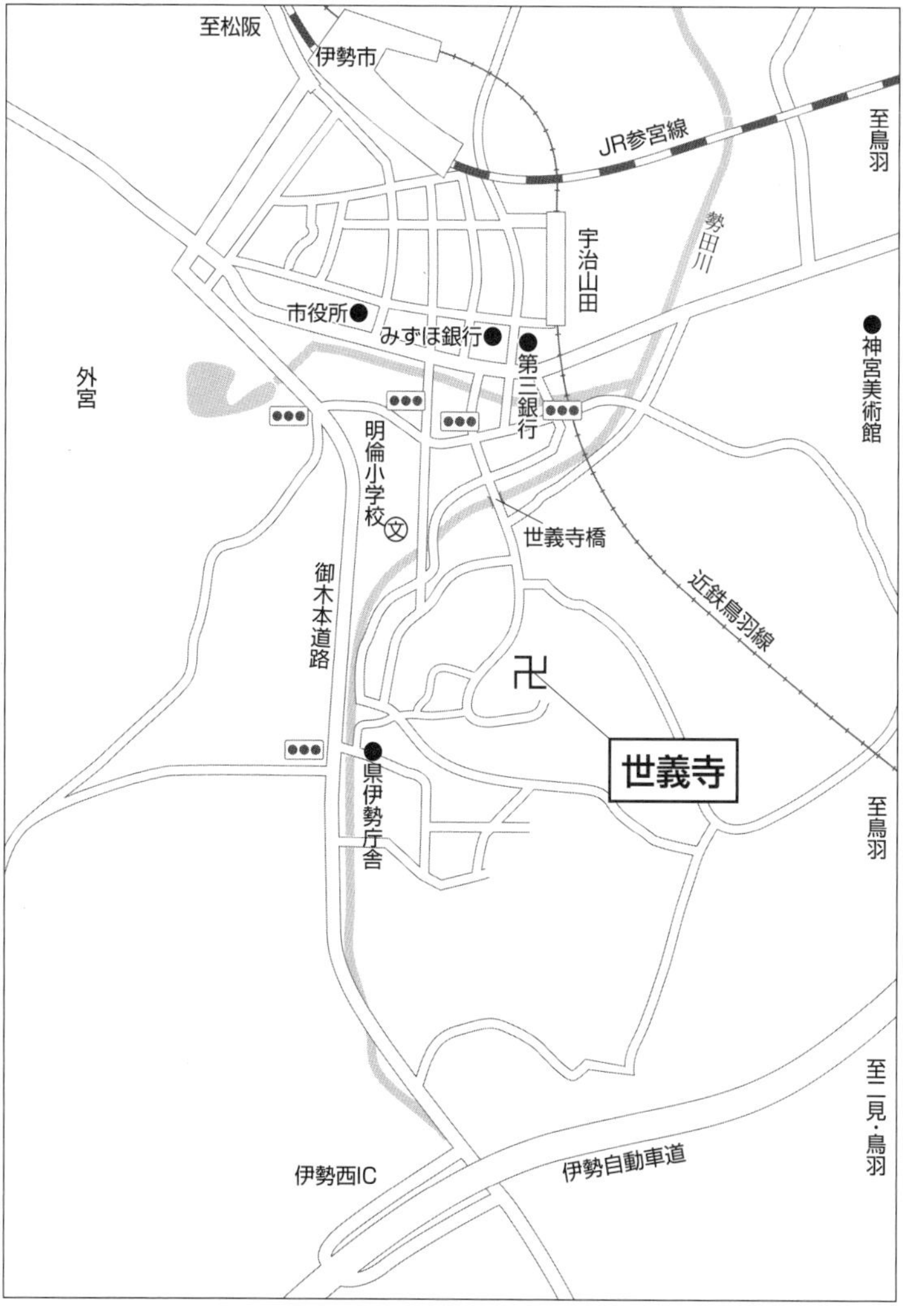

〈徒歩〉近鉄宇治山田駅から南へ徒歩１０分。
〈自動車〉伊勢自動車道・伊勢西ＩＣから１.２キロ。

大乗峰《だいじょうほう》 伊吹山寺《いぶきさんじ》

山麓・発心堂 〒521－2312 滋賀県坂田郡伊吹町大字上野字地蔵 ☎0749(55)3170
ホームページ http://www.biwa.ne.jp/~mt-ibuki/

宗派 天台宗
本尊 薬師如来

役行者も修行したお山

日本には古くから、山には祖霊が宿るという山岳信仰があります。標高一三七七メートル、岐阜県との県境にそびえる滋賀県の最高峰、伊吹山もそうした山のひとつでした。『古事記』や『日本書紀』にも、日本武尊《やまとたけるのみこと》がこの山の神を鎮定しようとしたところ、その化身の大蛇が現れ大氷雨を降らせて抵抗、これがもとで日本武尊は亡くなったと記されています。

別の史料には、役行者が入峯《にゅうぶ》して修行したと伝えられ、行基菩薩が入山して行座したという記述もあります。このように、奈良時代の昔から修験の霊場として、信仰の対象になってきました。

平安時代には比叡山などとともに日本七高山のひとつに数えられ、仁寿年間（八五一～八五四）、三修上人が来山して、伊吹山寺を開きました。三修上人は、八合目にある行道岩の上で昼夜禅定し、二十年あまり山を下りることはありませんでした。光仁帝の后の病を治そうと都へ行くため空を飛んだと伝えられ、飛行上人とも呼ばれました。

江戸時代には、鉈《なた》の一刀彫りの仏像で知られる円空上人が、同じ行道岩で修行しています。洞爺湖の中島観音堂に安置されている観音像の背には、「江州伊吹山平等岩僧」という銘があり、伊吹山での修行が、円空芸術を生む重要な転機になったようです。行道岩は平等岩とも呼ばれていました。

再興された伊吹修験道

熊野詣の先達を務めるほど栄えた伊吹修験道も、明治以降衰退の一途をたどりました。その伊吹山寺の復興に尽力されたのが、東雲寺（東浅井郡びわ町）住職の吉田慈敬師です。

昭和六十年伊吹山のふもとに伊吹山寺を再建し、八合目（標高一二〇〇メートル）の行

山麓の発心堂から伊吹山を望む

道岩の近くに行者堂を建設、山頂に覚心堂を完成させました。同時にかつての修行霊場約二百八十か所を掘り起こし、ふもとから頂上まで往復二十八キロの回峰コースを整備。天台宗から伊吹山修験道を認可されました。

山頂には石を積み上げた塚があり、石室の中に弥勒菩薩がおいでになります。三修上人は、七十歳過ぎで亡くなるとき、岩の上から天に昇られたとか。この塚は、三修上人のお墓かもしれません。

山頂・覚心堂

山頂から弥高《やたか》百坊へ続く中尾根の中ほどに、ちょっとした広場があります。ここを占《しめ》治《じ》が原といい、昔から日本の真中といわれてきたところです。三修上人が草を取ってばら撒くと、あたり一面よもぎが生えました。伊吹山のもぐさは、ここから広がったのだそうです。

薬草の山、高山植物の山としても有名な伊吹山、新しい伊吹修験の道を、あなたの足と眼と心で確かめてみませんか?

主な行事 十一月三日伊吹火祭り

拝観料 無料

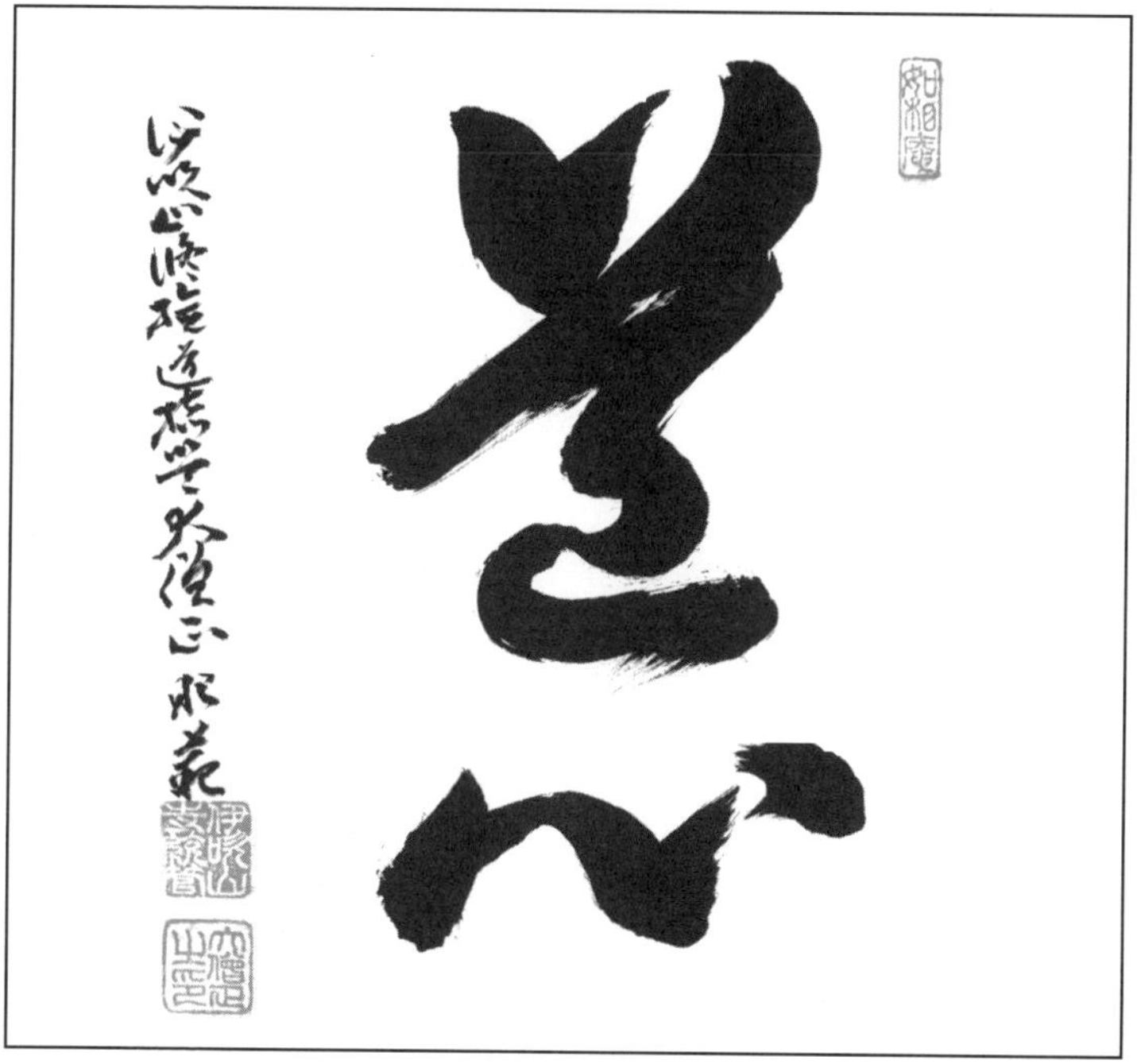

道心

書／伊吹山修験道統管　中村昭範

「道心」とは、伝教大師最澄上人が『山家《さんげ》学生式《がくしょうしき》』で鼓舞された言葉です。

仏教は転迷開悟を目的とします。役行者は、済世利民と開悟され、その実践に生涯を捧げられました。

幸せとは、安楽な世界とは、抜苦与楽とは？　これらの道を求める心、自利利他の実践道を求める心こそ、道心です。一人ひとりの道心と生命の連続が縁起であり、「縁起を知る者は法を知り、法を知る者は仏を見る」「山川草木悉皆成仏」——修験道の究極の目的ではないでしょうか。

（文／伊吹山寺住職　慈敬）

付近の見どころ

観音寺

豊臣秀吉が鷹狩りに立ち寄った折、寺の小僧（後の石田三成）の茶の献じ方に感動し、即座に仕官させたというエピソードで有名なお寺です。本堂には最澄の坐像など多くの文化財が所蔵されています。

三島池

さまざまな水鳥や野鳥が飛来し、バードウォッチングのメッカとなっています。マガモの自然繁殖の南限地としても有名です。春は桜の名所。冬は美しく雪化粧した伊吹山が逆さに映り、絶景です。

三島池のマガモ

グリーンパーク山東

豊かな自然とアウトドア・スポーツが楽しめる総合施設。バーベキューができるキャンプ場、ゴルフ（ショートコース）、テニス、フィールドアスレチックなどがあります。全長百メートルの滑り台「ドラゴンスライダー」も子どもたちに人気です。また、キャンプ場のほか、旅館やコテージといった宿泊施設もあります。問い合わせは、☎〇七四九―五五―三七五一へ。

成菩提院

中山道柏原宿の見どころのひとつです。九世紀初め、最澄が開いた天台宗の寺院で、戦国時代には、織田信長、豊臣秀吉、小早川秀秋などが宿営したといわれます。徳川家康・秀忠から寺領百六十石余を受けて栄え、中本山として末寺八十余ヶ寺、僧百人余、檀家二百三十軒余を数えたこともあります。また、天海大僧正が住持を務めた時期もあり、寺宝も多数伝わっています。

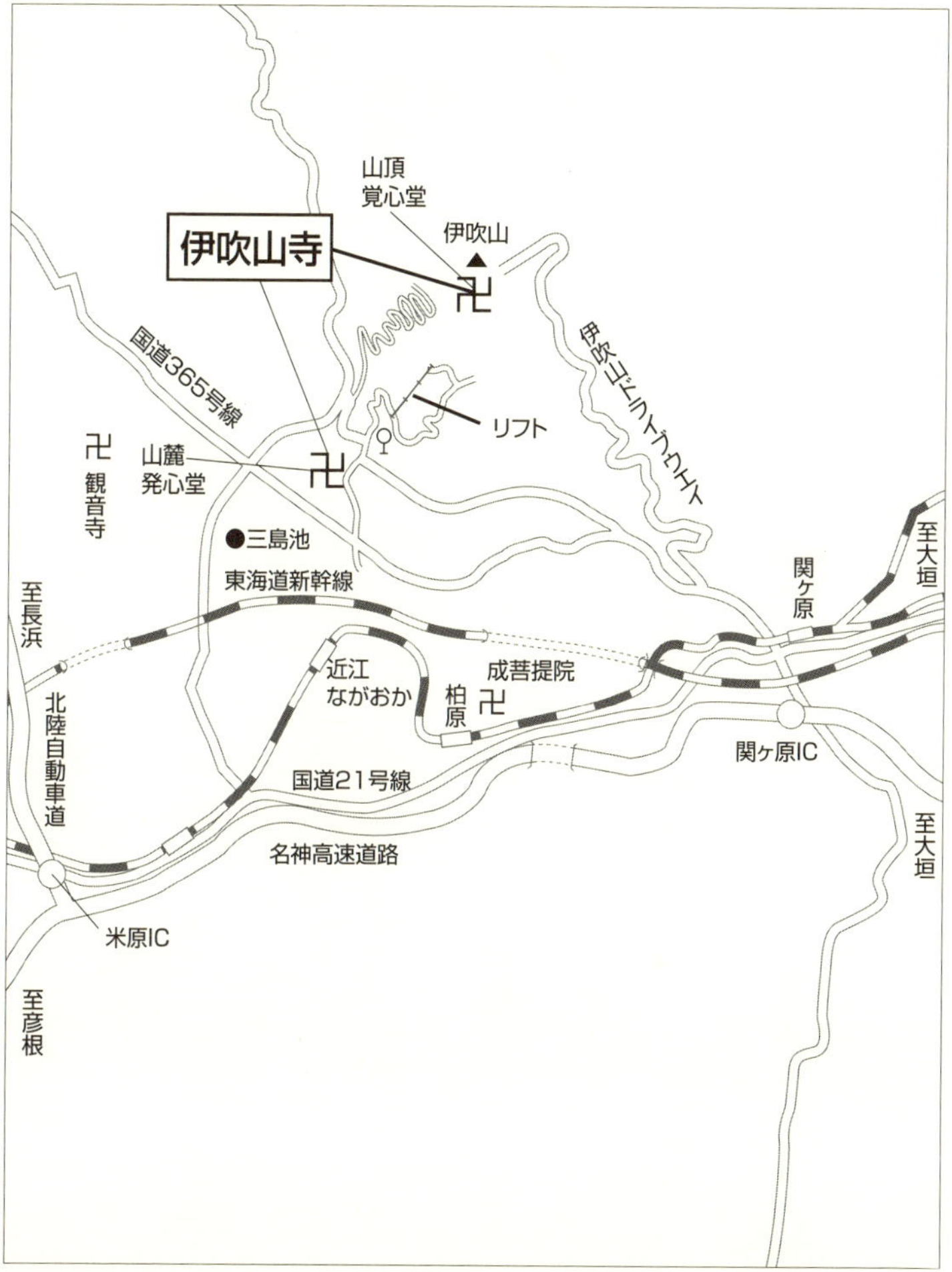

〈徒歩〉JR 近江長岡駅または JR 長浜駅から「伊吹登山口」行バスで終点下車、さらに近江鉄道のリフトにて３合目まで。そこから徒歩１時間半。JR 関ヶ原駅から「伊吹山頂駐車場」行バスで終点下車、西回りコース徒歩 30 分、中央道コース徒歩 15 分（健脚向き）。〈自動車〉国道 21 号線から伊吹山ドライブウエイ（普通車 3,000 円）にて山頂駐車場へ。徒歩 30 分（西回りコース）、または徒歩 15 分（中央道コース）。
＊冬期はドライブウエイが閉鎖されるので、「伊吹山登山口」バス停近く山麓・発心堂に納経所を設ける。

役行者のここが知りたい　Q＆A

Q1　役行者はいつごろ活躍された人でしょうか？　本当に実在したのでしょうか？

A　『続日本紀』の文武天皇三年（六九九）の項に出ているので、実在しているのは確かです。しかし、『日本霊異記』をはじめ、多くの説話集や縁起書の中で伝説的に伝えられています。

一般には、聖徳太子が亡くなられて十二年後の、舒明天皇の六年（六三四）一月一日に生まれ、文武天皇五年（七〇一）六月七日に昇天したと伝えられます。したがって、大化改新、壬申の乱、律令制度の制定など、日本という国が国家として体制を整えはじめた、激動の時代に活躍したことになります。

「日本」という国名が定まるのも、役行者の活躍された天武・持統の時代といわれていますが、そこに修験道発祥につながる大きな意味を感じます。

Q2　役行者はどこで、どのような修行をされたのでしょうか？

A　葛城山の麓、今の奈良県御所《ごせ》市茅原《ちはら》で生まれ、幼いときから博学でした。葛城山に籠もり、この山脈に二十八の霊所を設け、さらに熊野から入山して大峯山を開きました。

山上ヶ岳で蔵王権現を感得し、箕面の瀧窟に入って修験の真髄を悟り、生駒で二鬼を従えました。さらに、各地で雨乞いや止雨の霊験を現して里人を救い、山に道をつけ、神祇を祀り、全国の山や寺院に開創伝説を残しています。

Q3　役行者のお師匠さんはおられるのでしょうか？

A　ある伝記によると、叔父願行が仏教の基本を教えたということになっています。しかし、行者さんは、山の神と交流する苦修練行の中で自分を研き、山は神霊の世界とする日本古来の山岳信仰を自然に身につけました。行者さんの持っておられた能力を引き出した、大自然そのものが師匠だともいえるでしょう。

Q4　役行者は修験道の開祖といわれますが、いわゆるお坊さんだったのでしょうか？

A　正式に出家した僧ではありません。出家の「比丘僧《びくそう》」ではなく、在家で仏道修行をする「優婆塞《うばそく》」という立場でした。

また、役行者が修験道という組織を作ったのではなく、「大峯の嶮巍《けんぎ》を攀《のぼ》って葛嶺の深邃《しんすい》を撥《はら》ふ者は皆、役を祖述し……」と『元亨釈書《げんこうしゃくしょ》』にあるように、平安から鎌倉時代にかけて修験者が組織化する中で、開祖として尊崇されていったようです。

Q5　役行者のお母さんの像がありますが、お母さんはどのような方だったのでしょうか？

A　渡都岐白専女《とつきしらとうめ》といい、金の独鈷杵がお腹に飛び込んだ夢を見て、役行者（幼名「金杵麿」）を産みました。大峯に修行している役行者に会いに行ったとか、配流の役行者が捕まらなかったため、捕吏は母をつかまえ囮にして孝心あつい役行者をつかまえたとか、あるいは、役行者は入滅に際し、鉄鉢に母を乗せて唐に渡ったなど、各種の伝説があります（それにひきかえ父親のことは、ほとんど伝記や伝承にも出てきません）。

Q6　「神変大菩薩《じんべん》」と呼ばれていますが、いつごろ、誰が名付けたのでしょうか？

A　役行者千百年の御遠忌を執行する際に、寛政十一年（一七九九）一月二十五日、光格天皇が役行者の徳を讃え、勅書をもって「神変大菩薩」と名付けられました。勅書は現在重要文化財に指定され、聖護院門跡に伝えられています。

Q7　役行者をお祀りするお寺は全国にありますが、役行者は全国を遍歴したのでしょうか？

A　そのすべてが、直接役行者の足跡につながる事実があるとはいえないと思いますが、それほど役行者を慕う修験信仰が、全国的であったことのしるしでありましょう。
また、各地の山岳には、役行者のような宗教者がいたことは否定できません。彼らが開いたその土地の寺々が、後世権威ある役行者伝説を採り入れたこともあるでしょう。

Q8　山岳修行をした有名な行者は他にもおられますが、役行者が修験道の祖師と崇められるのは、なぜでしょうか？

A　平安時代の多くの歴史書や仏教書に、役行者の霊験や法力がすぐれていたことが取り上げられたこと、そして、民間で伝承されていた行者伝記の特異性が、『日本霊異記』等で喧伝されたことなどの影響が大きかったと見られます。
また、修験道が、国家仏教ではなく、日本固有の自然神を崇拝する民間信仰に根ざした庶民的宗教であること、さらに、出家・在家を問わない、優婆塞という働きの自由さが、庶民の共感を呼んだことも理由のひとつでしょう。

Q9　役行者にゆかりのお寺は、全国にいくつくらいあるのでしょうか？

A　『役行者本記』『三才図絵』などの伝記によると、奥羽地方から九州に至るまで、九十近い山や寺院を開いたことになります。

Q10　役行者は呪術を使ったといわれますが、なぜそのようなことがいわれるのでしょうか？

A　役行者は、朝鮮から渡来してきた家系に生まれました。当時の日本には、雑密《ぞうみつ》の類は私的に伝わっていたようですが、正伝としての密教は伝わっていません。したがって、その呪術は、雑密系の呪術と、朝鮮より伝えられた道教によるものではないかと考えられます。葛城山の麓には、そのような道教に親しんだ人々が多く住んでいたことが伝えられています。

また、雑密系としては、孔雀明王経などが四世紀頃から翻訳を重ねられ、その呪文は特に霊験があると伝えられ、漂流渡来民などによって役行者にもたらされたとも考えられます。

Q11　役行者は島流しにあったということですが、なぜそのような目にあったのでしょうか？

A　いろんな説があります。『続日本紀』によると、役行者は呪術に優れていましたが、弟子の韓国連広足《からくにのむらじひろたる》がその能力を妬《ねた》んで、「役行者は、人を惑わす者だ」と朝廷に讒言《ざんげん》します。

当時、道教の呪術を在俗の者が使うことは、禁止されていました。道呪をもって、宮中の典医寮の呪禁師として仕えていた広足の、権力欲がそうさせたと察せられます。その背景には、役行者が土地の有力者を使う威力を備えていたことに対する、権力者の押さえ込みもあったと思われます。

Q12　役行者の教えは、お釈迦様の教えとどのような関係にあるのでしょうか？

A　役行者の教えとして、今も修験者は、大乗仏教の修行徳目「六波羅蜜」の実践を目標としています。その中でも特に、〝菩薩道の実践〟を掲げています。つまり大乗仏教の精神そのものを、役行者の教えとしてとらえているのです。また、法華経の教義も受け継ぎ、葛城山脈中に二十八の経塚が定められ、巡拝修行が続けられています。

さらに密教的に言うなら、護摩の観念にある自己の迷夢を覚ます理護摩が、釈尊の降魔成道の禅定と一致するものです。

Q13　祇園祭に「役行者山」という山車が登場しますが、役行者は神社にも関係があるのでしょうか？

A　祇園祭の山鉾は、地域の町衆ごとにいろいろの山や鉾を作って、祭りに参加したところから始まっています。役行者信仰の篤かったこの町内は、応仁の乱より古い時代に「役行者山」を作りました。今も聖護院のお祓いを受けて巡行に参加します。

修験道は古来、神仏混淆の宗教ですから、神社の別当をつとめ、神社の中に坊を経営していたこともあります。祇園社は仏教名を感神院といい、聖護院もここに別当を置いていました。

Q14役行者は、一本歯の高下駄を履いていますが、なぜですか?

A 傾斜している坂道は、降りるにしても登るにしても、一本歯でないと足が水平に保てません。常に修行している役行者は特にバランス感覚がよかったのでしょうね。しかし、現存の役行者像は二本歯が多いようです。一本歯は天狗信仰が影響していると思われます。

Q15 巻物を手に持っているお姿もありますが、何の巻物でしょうか。

A 法華経だといわれています。役行者の教えと、法華経の説く菩薩道の精神が一致していることを表徴しています。

Q16 役行者の像にはよく二匹の鬼がでてきますが、なぜ鬼を連れているのでしょうか?

A 生駒の山中に住んでいた二鬼が、たびたび里人に災いをなすことを聞いた役行者は、法力でこれを説き伏せます。それ以来、夫婦の鬼は、前鬼・後鬼と名付けられて、一生役行者に付き従い、その修行を助けたといわれます。

また、この夫婦の鬼には五人の子どもがいましたが、住みついた場所が大峯の山中に「前鬼」という名で残り、現在も一か寺が残っています。

Q17　修験道のお寺にはよく蔵王権現がお祀りされていますが、役行者と関係があるのでしょうか？

A　蔵王権現（正式には金剛蔵王権現）は、役行者によって祈り出されました。役行者が三十八歳のとき、金峯山・山上ヶ岳で千日の行に入られ、修験道にふさわしい本尊を念じられましたところ、はじめに釈迦如来（過去仏）、続いて千手観世音菩薩（現在仏）、さらに弥勒菩薩（未来仏）が示現されました。なおも悪魔降伏の本尊を念じられましたところ、三世の仏が一体になった濁悪強情の衆生を教化するにふさわしい忿怒の姿をした蔵王権現が、大盤石を揺るがして出現されました。これを桜の木に刻んで山上ヶ岳と吉野金峯山寺に安置されたところから、修験寺院に多く祀られるようになりました。権現というのは権（かり）に現（あらわ）れたという意味で、その本地は先の三世仏とされます。

Q18　蔵王権現のお姿は必ず片足を上げ、片手は金剛杵を持ち、なぜあのような怖いお顔をしているのでしょうか？

A　役行者が感得された姿そのままであり、いかなる悪魔も降伏するぞ、という蔵王権現の誓願の現れととることができるでしょう。忿怒の形相は、お不動様と同様に、悪魔には恐れを抱かせるとともに、衆生には内に秘めた慈悲の心を表しています。

Q19　修験道は役行者の教えにもとづくものといわれますが、特定の経典はあるのでしょうか?

A　修験道は、法爾常恒の経（大自然そのものが仏の説法である）を聞くと言いますし、天地自然に神仏の姿を認めていますから、どの経典でなければならないという定めは設けていません。しかし、一般に読誦される経典は次のようなものです。「般若心経」、「不動経」、「九条錫杖経」、「理趣経」、「秘密陀羅尼」、「阿弥陀経」、「本覚讃」、さらに観音経や如来寿量品等を含む「法華経」などです。

あとがき

修験道の開祖と慕われる役行者は日本各地にゆかりの霊山、寺社があり、様々な霊験が伝えられています。

本書は、霊場の歴史を紐解くとともに付近にある名所を紹介し、寺社を巡る楽しみの一助になればと企画いたしました。そして、巡礼者には各霊場山主から書と法話で説法していただく形をとるとともに、十九項目のQ&Aによって役行者・修験道の姿が浮きぼりになるように編集をしました。

巻頭論文として大阪市立美術館主任学芸員・石川知彦氏に「修験道の成り立ちと役行者」をご執筆いただきました。

編集室は法楽寺リーヴスギャラリー小坂奇石記念館に置き、三田征彦氏、白木利幸氏、砂田円氏が各霊場を訪ね、お話を伺い文を起こしました。

編集作業のなかで、昨今、日本外交の姿勢として歴史認識を強く求められていることが話題になりました。明治元年（一八六八）三月に新政府によって神仏分離令が発布され、仏と神が強引に分けられました。全国各地で廃仏毀釈の暴挙に発展していき、修験道そのものの信仰が鎖《とざ》されたかたちとなりました。その痛みは今日も続き、修験道関係の多くの寺院は復興の努力を重ねておられます。今、日本が抱えている様々な問題点の多くは、百三十数年前の政府の姿勢（神仏分離令）にあったのでないかという話も出ました。

しかし、そうした政府の姿勢をものともせず信仰の灯は静かに燃え続け、役行者神変大菩薩《じんぺんだいぼさつ》千三百年遠忌《おんき》を一つの出発点とし、山岳抖擻《さんがくとそう》の実践行を通して、人々に多くの語りかけをはじめました。

どうぞ本書を縁として、役行者の霊蹟を巡り、その偉業を偲び、脈々と伝えられる修験道の法（教え）の世界に学んでいただけたらと思います。ご協力いただいた関係各位、朱鷺書房の北岡敏美氏にお世話になりましたことを厚く御礼申し上げます。

編集子一同

平成十四年十月一日

室　生　寺	〒633－0421　奈良県宇陀郡室生村室生78 ☎0745－93－2003　ホームページhttp://www.murouji.or.jp/	
大　野　寺	〒633－0315　奈良県宇陀郡室生村大野1680 ☎0745－92－2220	
聖護院門跡	〒606－8324　京都府京都市左京区聖護院中町15 ☎075－771－1880　ホームページhttp://www.shogoin.or.jp/	
醍　醐　寺	〒601－1325　京都府京都市伏見区醍醐東大路町22 ☎075－571－0002　ホームページhttp://www.daigoji.or.jp/	
神峯山寺	〒569－1051　大阪府高槻市原3301－1 ☎0726－88－0788　ホームページhttp://www.kabusan.or.jp	
法　楽　寺	〒546－0035　大阪府大阪市東住吉区山坂1－18－30 ☎06－6621－2103　ホームページhttp://www.evam.com/hourakuji/	
松　尾　寺	〒594－1154　大阪府和泉市松尾寺町2168 ☎0725－54－0914	
七寶瀧寺	〒598－0023　大阪府泉佐野市大木8番地 ☎0724－59－7101	
弘　川　寺	〒585－0022　大阪府南河内郡河南町弘川43 ☎0721－93－2814	
観　心　寺	〒586－0053　大阪府河内長野市寺元475 ☎0721－62－2134　ホームページhttp://www.kanshinji.com	
転法輪寺	〒585－0051　大阪府南河内郡河南局内千早局止（郵便物送り先） ☎0721－74－0873	
千　手　寺	〒579－8011　大阪府東大阪市東石切町3－3－16 ☎0729－81－2241	
天　龍　院	〒579－8022　大阪府東大阪市山手町2054 ☎0729－81－5500	
興　法　寺	〒579－8012　大阪府東大阪市上石切町2－1533 ☎0729－81－2004	
巴　陵　院	〒648－0211　和歌山県伊都郡高野町高野山702 ☎0736－56－2702	
飯福田寺	〒515－2412　三重県松阪市飯福田町273 ☎0598－35－0004	
世　義　寺	〒516－0036　三重県伊勢市岡本2－10－80 ☎0596－28－5372	
伊吹山寺	〒521－2312　滋賀県坂田郡伊吹町大字上野字地蔵 ☎0749－55－3170　ホームページhttp://www.biwa.ne.jp/~ mt-ibuki/	

役行者霊蹟札所寺社リスト

金峯山寺	〒639－3115　奈良県吉野郡吉野町吉野山2498 ☎07463－2－8371　ホームページhttp://www.kinpusen.or.jp/
如意輪寺	〒639－3115　奈良県吉野郡吉野町吉野山1024 ☎07463－2－3008
竹林院	〒639－3115　奈良県吉野郡吉野町吉野山2142 ☎07463－2－8081　ホームページhttp://www.chikurin.co.jp/
櫻本坊	〒639－3115　奈良県吉野郡吉野町吉野山1269 ☎07463－2－5011
喜蔵院	〒639－3115　奈良県吉野郡吉野町吉野山1254 ☎07463－2－3014
善福寺	〒639－3115　奈良県吉野郡吉野町吉野山2291 ☎07463－2－3747
大日寺	〒639－3115　奈良県吉野郡吉野町吉野山 ☎07463－2－4354
東南院	〒639－3115　奈良県吉野郡吉野町吉野山2416 ☎07463－2－3005
吉水神社	〒639－3115　奈良県吉野郡吉野町吉野山579 ☎07463－2－3024　ホームペーhttp://www.yoshino.ne.jp/yoshimizu/
大峯山寺	〒638－0431　奈良県吉野郡天川村大字洞川字大峯山山上ヶ岳頂上
龍泉寺	〒638－0431　奈良県吉野郡天川村洞川494 ☎0747－64－0001
菅生寺	〒639－3103　奈良県吉野郡吉野町平尾150 ☎07463－2－4009
吉祥草寺	〒639－2214　奈良県御所市茅原279 ☎0745－62－3472
千光寺	〒636－0945　奈良県生駒郡平群町鳴川188 ☎0745－45－0652　ホームページhttp://www.jin.ne.jp/shingon
寶山寺	〒630－0266　奈良県生駒市門前町1－1 ☎0743－73－2006
靈山寺	〒631－0052　奈良県奈良市中町3879 ☎0742－45－0081　ホームページhttp://www1.ocn.ne.jp /~ ryosenji/
松尾寺	〒639－1057　奈良県大和郡山市山田町683 ☎0743－53－5023
朝護孫子寺	〒636－0923　奈良県生駒郡平群町信貴山 ☎0745－72－2277　ホームページhttp://www.sigisan.or.jp/

＊団体でお参りの場合は、各寺社へあらかじめ、
ご連絡くださいますようお願い申し上げます。

役行者霊蹟札所会事務局
〒586-0032　大阪府河内長野市栄町7-10-102
巡礼協議会内
電話0721（56）2372

役行者《えんのぎょうじゃ》霊蹟《れいせき》札所《ふだしょ》巡礼《じゅんれい》

2002年10月24日　第1版第1刷

編　者　役行者霊蹟札所会
発行者　北岡敏美
発行所　株式会社朱鷺書房
大阪市東淀川区西淡路1-1-9（〒533-0031）
電話 06（6323）3297　Fax 06（6323）3340
振替 00980-1-3699
制　作　株式会社エルアンドエー
印刷所　岩岡印刷株式会社

定価はカバーに表示してあります。落丁・乱丁本はお取替えいたします。
ISBN4-88602-328-2　C0015　
http://www.tokishobo.co.jp

好評の巡礼案内シリーズ■

西国三十三所観音巡礼
西国札所会　1000円

坂東三十三所観音巡礼
坂東札所霊場会　1000円

秩父三十四所観音巡礼
秩父札所連合会　1000円

新西国霊場法話巡礼
新西国霊場会　1000円

中国三十三所観音巡礼
中国観音霊場会　1000円

近畿三十六不動尊巡礼
近畿三十六不動尊霊場会　1000円

西国四十九薬師巡礼
西国薬師霊場会　1000円

東海三十六不動尊巡礼
東海三十六不動尊霊場会　1000円

東海四十九薬師巡礼
東海四十九薬師霊場会　1000円

中部四十九薬師巡礼
中部薬師霊場会　1000円

知多四国八十八所遍路
知多四国霊場会　1000円

美濃西国三十三所観音巡礼
美濃西国三十三観音霊場会　1000円

尼寺三十六所法話巡礼
尼寺三十六所霊場会　1000円

四国別格二十霊場巡礼
四国別格二十霊場会　1000円

近江湖北二十七名刹巡礼
近江湖北名刹会　1000円

近江湖東二十七名刹巡礼
近江湖東名刹会　1000円

近江西国三十三所観音巡礼
近江西国観音霊場会　1000円

西国愛染十七霊場巡礼
西国愛染霊場会　825円

法然上人二十五霊場巡礼
法然上人二十五霊場会　1000円

親鸞聖人二十四輩巡拝
新妻久郎　1200円

釈迦三十二禅刹巡拝
釈迦三十二禅刹会　1000円

中国地蔵尊巡拝
中国地蔵尊霊場会　1000円

四国八十八所遍路　全二冊
宮崎忍勝・原田是宏　各900円

中国四十九薬師巡礼
中国四十九薬師霊場会　1000円

九州八十八所巡礼
九州八十八所霊場会　1000円

九州西国観音巡礼
近藤弘訓　1000円

九州四十九院薬師巡礼
九州四十九院薬師霊場会　1000円

おおさか十三佛巡礼
おおさか十三佛霊場会　1000円

神戸十三仏めぐり
神戸十三仏霊場会　1000円

宝の道七福神めぐり
三条杜夫　1000円

関西御利益の寺社
頼富本宏・白木利幸　1000円

夫婦で歩く大和の隠れ寺
浅見潤・孝子　900円

京阪沿線ぶらり古社寺めぐり
三田征彦編　1000円

＊表示は本体価格（税別）

役行者ゆかりの霊山

1. 早池峰山《はやちねさん》
2. 太平山
3. 鳥海山《ちょうかいさん》
4. 出羽《でわ》三山
5. 蔵王《ざおう》山（宮城・山形）
6. 蔵王《ざおう》山（新潟）
7. 八溝山《やみぞさん》
8. 日光山
9. 赤城山《あかぎさん》
10. 筑波山
11. 飯縄山《いづなやま》
12. 榛名山《はるなさん》
13. 三峰山《みつみねさん》
14. 武蔵御嶽《みたけ》
15. 高尾山
16. 大山《おおやま》
17. 箱根山
18. 伊豆山
19. 金峰山《きんぷさん》（山梨）
20. 富士山
21. 立山
22. 白山《はくさん》
23. 木曽御嶽《きそおんたけ》
24. 伊吹山
25. 大悲山
26. 三岳山《みたけさん》
27. 愛宕《あたご》山
28. 神峯山《かぶさん》
29. 箕面《みのお》山
30. 飯道《はんどう》山
31. 笠取山
32. 笠置山《かさぎやま》
33. 生駒山《いこまやま》
34. 葛城山《かつらぎさん》
35. 吉野山
36. 大峯山《おおみねさん》（金峯山《きんぷせん》）
37. 熊野三山
38. 後山《うしろやま》
39. 三徳山《みとくさん》
40. 伯耆大山《ほうきだいせん》
41. 金峰山《みたけやま》（山口）
42. 石鎚《いしづち》山
43. 横倉山《よこくらやま》
44. 英彦山《ひこさん》
45. 求菩提《くぼて》山
46. 宝満山《ほうまんざん》
47. 阿蘇山《あそざん》
48. 霧島